A Sessão Analítica

CAMPO FREUDIANO NO BRASIL

Direção: Jacques-Alain e Judith Miller
Assessoria brasileira: Angelina Harari

A Sessão Analítica

Dos riscos éticos da clínica

Textos reunidos pela Fundação do Campo Freudiano

Jorge Zahar Editor
Rio de Janeiro

Jorge Zahar Editor Ltda.
rua México 31 sobreloja
20031-144 Rio de Janeiro, RJ
tel.: (21) 240-0226 / fax: (21) 262-5123
e-mail: jze@zahar.com.br
site: www.zahar.com.br

CIP-Brasil. Catalogação-na-fonte
Sindicato Nacional dos Editores de Livros, RJ.

S516 A sessão analítica: dos riscos éticos da clínica / textos reunidos pela Fundação do Campo Freudiano. — Rio de Janeiro: Jorge Zahar Ed., 2000
(Campo freudiano no Brasil)

ISBN 85-7110-556-1

1. Psicanálise. 2. Ética psicanalítica. 3. Psicanalistas. I. Fundação Campo Freudiano. II. Série.

CDD 616.8917
00-0692 CDU 159.964.2

SUMÁRIO

APRESENTAÇÃO

Quando convidados, cada um dos participantes do XI Encontro Internacional de Buenos Aires, a explicitar um aspecto da sessão analítica, que lhes parecesse essencial, testemunham uma tríplice audácia.

A primeira certamente fica fora de alcance para qualquer outra comunidade analítica do mundo. Apenas uma comunidade que compartilha a mesma orientação pode se permitir, confiante, correr o risco de tornar pública a forma como seus praticantes dão conta do conceito da sessão analítica. Estes, por certo, fizeram análise, até mesmo várias, cujos efeitos e modalidades não deixam de ser avaliados nesta elucidação. Através (e graças a?) dessas histórias e dessas distintas línguas, a unidade de orientação do Campo Freudiano dá lugar a um livro coletivo, homogêneo e harmônico, onde o leitor constatará certa tensão entre um e outro texto, inclusive lacunas por conta da escolha de cada um do viés pelo qual abordou a questão aberta a todos.

Esta coletânea seria inconcebível sem a cristalização operada, há vinte anos, pelo grande movimento do Campo Freudiano em torno da Escola Una. A Escola Una "translingüística e transcultural" repousa na multiplicidade e diversidade de seus componentes, sua singularidade descompleta tanto a reunião das Escolas existentes quanto as futuras do Campo Freudiano na Associação Mundial de Psicanálise, incitando ao debate, à troca e à invenção.

Segunda audácia: interrogar a sessão analítica significa fornecer os segredos de uma prática para quem acredita que ela aplica uma receita. Este volume demonstra que não existe prescrição sustentável, que cada sessão corresponde à lógica própria da análise em que se inscreve, procedendo da política que a anima — transferência, interpretação, conclusão.

A questão postulada pela sessão decididamente procede da ética da psicanálise. Ninguém, que se inscreva na orientação lacaniana, a considera uma questão técnica. Ninguém acha que a excomunhão de Lacan por parte da Associação Internacional de Psicanálise (IPA) tenha sido provocada por uma discordância, como gostaria a própria de crer e fazer crer, sobre a técnica psicanalítica, mas sim que se tratava de uma incompatibilidade ética: prosseguir ou não na via radicalmente nova aberta por Freud, sem compromisso nem concessão.

Foi, de fato, lendo Freud que Lacan constatou e se deu conta da singularidade de sua prática em cada caso, quer se tratasse dos casos reunidos nas *Cinco lições de psicanálise*, aos quais seu ensino jamais cessou de retornar, ou o da Jovem Homossexual, ou ainda o da Bela Açougueira, ou do próprio caso de Freud em *A interpretação dos sonhos*, ou... eu não poderia fornecer aqui uma lista exaustiva dos textos que atraíram a atenção de Jacques Lacan. O Seminário 1 não foi dedicado aos *Escritos técnicos de Freud*, onde logo de saída os ouvintes são alertados de que este título não está bem nomeado, sendo isso demonstrado detalhadamente na leitura pela qual ele os conduz?

De que se trata? Nada menos do que é visado na sessão analítica, do lugar ocupado pelo psicanalista, da responsabilidade do ato, do risco de uma análise.

Uma sessão não é um ritual, ela não se define por seu cerimonial; cada caso apresenta-se em sua novidade, permanecendo único: toda análise, constituída de uma série de sessões, implica uma mutação subjetiva do analisante, visa delinear um real, fora do sentido, em filigrana cada uma vetorializando se o analista presente ali. Naturalmente, ali significa em pessoa, tendo como único recurso seu desejo para permitir que o sujeito que se dirige a ele advenha, situando o que causa o seu próprio desejo. A ética da psicanálise não é temerosa, um analista não poderia se apagar, nem se proteger ou se aliviar do real com que a clínica o confronta por trás de normas de duração, enquadre, *setting*. Estar presente é diferente de estar instalado.

Desde 1953, em seu relatório de Roma, intitulado "Função e campo da fala e da linguagem em psicanálise", Jacques Lacan indicava que o passado na atualidade da palavra produzida em cada sessão vê-se mobilizado, tornado móvel, sem o que não poderia ser construível nem construído. Aí não se trata de modelagem arbitrária, mas sim determinada na associação chamada "livre". Liberado de qualquer ideal, especialmente daqueles fomentados pelos terapeutas-Pigmalião em relação a suas estátuas, condenados a se comportar bem, a consentir sem criar ondas nem constrangimentos, totalmente dóceis à sua normalização, em suma cedendo sobre seu desejo.

Enuncio a terceira audácia: esta coletânea é crítica, até polêmica. Todos sabem que a psicanálise na IPA não mudou em relação ao que descrevia Jacques Lacan em 1956: o ecumenismo teórico só tem um único limite "técnico", entendido no sentido de Alexandre Koyré, e o melhor que faz é reconhecer o desconhecimento do qual resulta, da função e do campo da fala e da linguagem em psicanálise. O uso mesmo do ensino de Jacques Lacan é chamado para o resgate; embora mal tolerado passa como uma carta/letra no correio quando se reduz ao estádio do espelho onde ele retoma o esquema óptico proposto por Lacan em 1953.

Não se trata, efetivamente, de extrair do ensino de Lacan pratos feitos à medida de um estômago que se tornou delicado por uma atrofia; a orientação lacaniana extrai sua energia e a empenha em sua resolução de seguir tudo em Lacan, o que a torna conveniente e o que a faz tropeçar, momento que encontra para relançar-se. O conjunto dos textos indica isso, na medida em que são trabalhados tanto na proposta de um detalhe aparente quanto nas grandes escansões atualizadas por Jacques-Alain Miller. Umas como outras têm incidência na clínica, em especial quando o próprio Lacan faz uma autocrítica!

Certamente, esse caráter crítico e polêmico teria pouco alcance caso a orientação lacaniana o ostentasse como satisfatório na reconquista do campo freudiano que consolida o ensino no qual ela se apóia. É audacioso pela aposta que comporta confrontado com o insuportável, outro nome do real; todo clínico, por mais desorientado que esteja, só pode ser suscetível ao lugar não apagável da surpresa e de suas condições temporais. Suscetibilidade que nada tem de patológica; ela é tato, própria da clínica, que desaparece caso se empenhe em evitar tocar no real ou renuncie a diferenciar as estruturas (cf. as tentações em aplicar cegamente prescrições dos DSM e consortes). Raros são os clínicos que se fecham ao insuportável, o qual cedo ou tarde os alcança e ultrapassa. Resta-lhes a tristeza e a covardia, sem entusiasmo possível. A crítica e a polêmica apostam na possibilidade de os clínicos darem conjuntamente conta do que partilham, a saber, a experiência do real ao qual estão, de bom ou mau grado, confrontados.

Eis por que é tão precioso para cada um — em análise ou não — que hoje e amanhã a ética da psicanálise seja sustentada. Que haja escolas de psicanálise, tal qual Lacan as definiu, verdadeiros refúgios contra o mal-estar da civilização que, como seres falantes, padecemos.

Dois Analistas da Escola contribuem de forma especial para esta coletânea dando-lhe o ponto de suspensão. Cada um desses dois testemunhos sobre a última sessão de uma experiência analítica, que os levou a ocupar, por sua vez, o lugar do analista, constata a novidade, sempre surpreendente, do laço social que constitui o laço analítico.

Resta-me somente agradecer em nome de todos os que viabilizaram essa coletânea, uma modesta antecipação da Escola Una, ainda não declarada quando tal coletânea foi concebida, os autores e seus tradutores. Do espanhol ao francês, Jean-Pierre Klotz, Philippe Lacadée, Armelle Le Naour-Guivarch, Jean-Jacques Richard, Délia Steinmann e Anne Szulzynger, do italiano Francesca Biagi-Chai, do português Pierrette Dujon. Na edição em língua espanhola, pela Paidós, a tradução esteve a cargo de Enric Berenguer (responsável pela coletânea, auxiliado por Begoña Ansorena, Miren Casares, Victoria Fernandez), Alicia Bukstein, Carmen Cuñat, Gustavo Freda, Marian Martin, Camilo Ramirez, Liliana Salazar-Redon, Marta Wintrebert. Em seu homólogo português, pela editora Jorge Zahar, por Angelina Harari (responsável pela coletânea), Sara Pérola Fux, Vera Avellar Ribeiro, Lêda Guimarães, Iordan Gurgel, Rosa Guedes Lopes, Ana Lucia Lutterbach-Holck, Clara Huber Peed, Inês Autran Dourado Barbosa, Maria do Carmo Dias Batista, Elisa Alvarenga, Maria Luiza Rangel de Souza, Vera Motta, Maria Luiza Motta Miranda, Marcela Antelo, Analícea Calmon.

As contribuições que seguem foram escritas nessas quatro únicas línguas dentre aquelas que são faladas no país do Campo Freudiano.

JUDITH MILLER

I

Uma questão ética

A Sessão Freudiana

Anne Lysy-Stevens

Como Freud concebia a sessão analítica? Tentando responder a essa questão, rapidamente percebi não só que a resposta certamente não está pronta, mas sobretudo que a psicanálise através dos seus fundamentos está nela implicada: a coesão entre a práxis e os conceitos fundamentais me atingiu particularmente. Daí a dificuldade de abordar esse assunto num texto curto. Foi preciso portanto escolher um ponto de vista e limitar severamente os desenvolvimentos. Escrevi estas páginas como uma introdução — que será quando muito uma evocação — aos elementos mais legíveis nos textos de Freud sobre a técnica, talvez como se ainda fosse possível me colocar no lugar do interlocutor imparcial que interroga Freud sobre o que é essa prática nova, a psicanálise.

Um encontro inédito

O que se passa numa sessão analítica? Em que esse encontro se distingue de um outro? Como, por exemplo, diferenciá-lo de uma consulta médica?

Coloquemo-nos, portanto, do lado do interlocutor imparcial ao qual Freud se endereça em 1926[1] para instruir essas pessoas sem opinião preconcebida, ainda ignorantes em relação à psicanálise, das particularidades de um tratamento analítico. Ele os adverte de imediato que uma simples observação desde o exterior é impossível e, aliás, não poderia lhes ensinar nada: "(...) Lamentamos não poder lhes oferecer o testemunho de um desses tratamentos. A situação analítica não tolera terceiros. Além disso, as diferentes sessões do tratamento são de valor muito desigual e um tal ouvinte — não prevenido —, que teria acesso a uma sessão qualquer, muitas vezes não retiraria nenhuma impressão aproveitável. Ele se arriscaria a não compreender o que se passa entre analista e o paciente ou então se entediaria."[2]

Apesar de tudo podemos deduzir dessas poucas linhas que o tratamento supõe diferentes sessões, que elas se desenrolam a portas fechadas, e que, se elas se seguem, necessariamente não se parecem: elas se inscrevem numa série. Longe de fazer cintilar o segredo de alcova, onde algo se passa entre o analista e o paciente, Freud sugere que, de preferência, o curioso se arrisca a se entediar!

Que fazem, portanto, juntos o analista e esses pacientes, que, geralmente, são passados de um médico a outro para ficarem liberados de todas as espécies de males, sem sucesso? Entre eles não se passa outra coisa que isso: eles falam juntos. O analista não usa nenhum instrumento, nem mesmo para o exame, ele não prescreve mais medicamentos. Por pouco que isso seja possível, ele deixa mesmo o doente em tratamento no seu meio e na sua situação. Evidentemente isso não é uma condição absoluta e mesmo não é sempre realizável. O analista convoca o paciente numa certa hora do dia, o deixa falar, o ouve, depois lhe fala e o deixa escutar. Eis que pode suscitar a incredulidade, até mesmo o desdém: nada além disso? Palavras, palavras e ainda palavras, como diz o príncipe Hamlet. Esse procedimento, contudo, não releva nem a fanfarronada nem a magia, responde Freud. Ele coloca em trabalho esse instrumento poderoso que é a fala (*das Wort*), meio de ação enquanto expressão nas relações com os outros.[3]

O tratamento começa portanto pela introdução do paciente aos poderes da palavra: convidamo-lo a ser totalmente sincero com seu analista, a não reter nada intencionalmente do que lhe vem ao espírito e, em seguida, a superar todas as reticências que quereriam excluir da comunicação muitos pensamentos e muitas lembranças. Cada homem sabe que possui coisas tais que ele não comunicaria aos outros senão a contragosto, ou das quais ele mantém completamente excluída a comunicação. São suas intimidades. Essa intuição que nosso próprio pensamento deve manter em segredo consigo mesmo (*Selbst*) o faz ver claramente que esse consigo não é mais a unidade através da qual ele a mantém, que há uma outra coisa, uma vida da alma podendo se opor a esse consigo. Se desde então ele (o paciente) aceita a exigência da análise, que é de dizer tudo, ele cederá facilmente à esperança de que uma relação e uma troca de idéias, partindo de postulados tão incomuns, possam igualmente conduzir a efeitos singulares.[4]

Postulados incomuns, efeitos singulares: a exigência de dizer tudo, que Freud chama em outro lugar a regra fundamental, não equivale simplesmente a usar os poderes da fala, que são universais e efetivos em muitas outras práticas, como por exemplo a confissão. A psicanálise não pode ser compreendida a partir dessas práticas ou saberes existentes: a análise é um procedimento *sui generis*, algo novo e específico, que não pode ser compreendido senão através da ajuda de vistas recentes, ou se queremos, de hipóteses recentes. Assim, precisa Freud, a análise não é a confissão, pois dizer tudo implica também dizer mais do que se sabe: na confissão, o pecador diz aquilo que ele sabe, na análise o neurótico deve dizer mais além. E, por outro lado, se o analista adquire uma influência pessoal sobre o paciente, ele não a usa, como na sugestão hipnótica, para reprimir os sintomas ou para desviar e dissuadir o paciente do que seja.[5] A transferência, a cada vez motor e obstáculo ao tratamento, é nossa arma dinâmica mais forte, é o que de novo nós introduzimos na situação e aquilo através do que a desbloqueamos. É utilizada, precisa Freud nos finais da segunda tópica, como força de pulsão para permitir ao eu do doente superar suas resistências.[6] Num texto do mesmo período, ele sublinha que ela é o melhor instrumento da cura analítica, mesmo se seu manejo é difícil, pois ela é utilizada para incitar o doente a produzir um trabalho psíquico — a superar suas resistências transferenciais — que ocasiona uma transformação durável de sua economia psíquica.[7]

Assim, o que se passa entre o analista e o paciente numa sessão analítica repousa sobre uma dupla hipótese: aquela de um saber à revelia e a de uma força de pulsão ao trabalho. Reconhecemos aquilo que Freud apresenta como os pilares do edifício da psicanálise, deduzidos da própria experiência: a hipótese do inconsciente e do recalque, e a importância da sexualidade na determinação da neurose.[8]

Os escritos técnicos

A intrincação das hipóteses e dos efeitos práticos, sublinhada por Freud, torna imediatamente sensível que as questões de técnica não podem estar isoladas daquilo que a funda e serem apreendidas como uma espécie de código o qual seria suficiente aplicar para obter o resultado com que se conta: a ação do analista é determinada pela idéia que ele se faz dela e pelo ponto de conseqüência até onde ele chegou na doutrina.[9]

Freud sonhava desde 1908 escrever um livro sobre o método psicanalítico, mas ele renunciou e preferiu reunir vários artigos sobre diversos aspectos da técnica,[10] dos quais a maior parte foi recolhida nos *Kleine Neurosen Schrifte*. Esses artigos são escalonados de 1904 a 1919 e estão publicados em tradução francesa sob o título *La technique psychanalytique*. Abordando os escritos técnicos de Freud no seu Seminário 1, Lacan contesta que eles mantenham sua unidade pelo fato de Freud neles falar da técnica. Ao contrário, sua unidade mantém o que parece testemunhar uma etapa do pensamento de Freud, precisa Lacan, uma etapa intermediária entre o que alguns chamaram de experiência germinal de Freud e sua teoria estrutural, sua teoria das instâncias.[11] De resto, Freud jamais parou de falar da técnica, dos *Estudos sobre a histeria*, de *A análise terminável e interminável*, passando pela *Interpretação dos sonhos* e as *Cinco psicanálises*. Não faremos pois desse pequeno livro aquilo que ele não pretende ser, um manual que diria tudo sobre o sujeito ou um *do it yourself* do faz-tudo do analista. Freud mesmo, quando ele se endereça em 1912 e 1913 aos médicos e aos praticantes analistas, apresenta as regras técnicas que ele expõe de preferência como conselhos, que podem lhe evitar tanto esforços inúteis quanto certas omissões,[12] mas sem exigir sua estrita observância.[13]

Na leitura desses textos, não podemos senão ficar impressionados, fascinados mesmo, por seu frescor e gume. Nenhuma rigidez, nenhum dogmatismo. Como o sublinha Lacan, a formalização das regras técnicas é assim tratada nesses escritos com uma liberdade que é por si só um ensinamento que poderia bastar. Essa naturalidade nos faz ver o quanto se tratava para Freud de um instrumento, no sentido em que se diz que temos um martelo nas mãos. Bem à mão para mim, parafraseia Lacan,[14] pois Freud diz explicitamente: "(...) Não hesito em acrescentar que essa técnica é a única que me convém pessoalmente. Talvez um outro médico, de um temperamento totalmente diferente do meu, pode ser levado a adotar, em relação aos doentes e à tarefa a realizar, uma atitude diferente. É o que eu não ousaria contestar."[15]

A regra fundamental, uma questão de temperamento, de estilo? Freud, é verdade, deixa entender que é por motivos puramente subjetivos que ele se consagra a uma única forma de tratamento, aquela que Breuer chamou catártico e que ele prefere qualificar de analítico.[16] Ele evoca em outro lugar que talvez deva a idéia da associação livre a um livro de sua infância.[17] Isso, no entanto, não a fez uma técnica fantasista. É mais o seu grande rigor que nos impressiona, a coesão entre as regras enunciadas, até aos pequenos detalhes práticos por vezes divertidos, e as hipóteses fundamentais da psicanálise tais como as formula no mesmo momento. Aliás, mal evocara os motivos puramente subjetivos que o fizeram preferir o seu método, ele declara: "(...) O método analítico de psicoterapia é aquele que penetra o mais profundamente, que tem o maior alcance, aquele através do qual os doentes podem ser melhor transformados. (...) De todos os métodos, é o mais interessante, o único capaz de nos esclarecer sobre a origem das manifestações mórbidas e as relações existentes entre elas. Ele nos abre perspectivas sobre o mecanismo das doenças psíquicas e é único em condição de nos conduzir para além dos seus próprios limites e de nos abrir a via em direção a outras ações terapêuticas.".[18] Ou ainda, a propósito de uma regra precisa, aquela do divã — o cerimonial imposto durante as sessões —, ele observa que muitos analistas não a respeitam, "mas, diz ele, eu ignoro se é o simples desejo de proceder de outra forma ou se são as vantagens que eles encontram nela que é o móvel dessa modificação".[19] Ele, Freud, justifica sempre a instauração ou a modificação de regras. Mesmo se algumas podem parecer mesquinhas, digamos que sua desculpa é que essas são justamente as regras do jogo das quais a importância decorre da sua relação com o próprio plano deste último.[20] Essa lógica interna não se transmite como um modo de emprego: só podemos nos aproximar da complexidade de uma partida de xadrez — à qual Freud compara uma cura — estudando assiduamente a maneira de jogar dos mestres na matéria. A técnica analítica não se aprende só nos livros, nem a do xadrez. Freud repete que aprendeu essas regras à sua própria custa,[21] através de uma longa prática, e aqueles que querem praticar a psicanálise só adquirem a técnica ao preço de pesados sacrifícios de tempo, sofrimento e erros de cálculo.[22] Aliás, essas regras não podem se tornar um dogma nem um saber aplicável universalmente — e é essa a razão essencial para que não se imponha a estrita observância: a extrema diversidade das constelações psíquicas, a plasticidade de todos esses processos dessa ordem e o número importante de fatores determinantes se opõem a uma mecanização da técnica e fazem com que um procedimento ordinariamente vantajoso possa por vezes ficar inoperante enquanto um método geralmente defeituoso leva ao resultado desejado.[23] Essa política do particular justifica também a importância do diagnóstico e a instauração de entrevistas preliminares, da mesma forma que deve incitar os psicanalistas a alargar o campo de aplicação da sua técnica e adaptar seu instrumento à diversidade dos sintomas que lhe são endereçados.[24] Essa não universalidade, contudo, não impede de estabelecer, para uso dos médicos, uma linha de conduta geralmente bem apropriada.[25]

Vejamos agora essas regras específicas da sessão analítica e examinemos sua relação com o próprio plano do tratamento.

A regra fundamental

Freud formulou por diversas vezes, nos seus escritos sobre a técnica e também em outros lugares, o que em geral ele nomeou a regra fundamental (*Grundregel*) da análise: é a regra imposta ao analisado de nada omitir daquilo que lhe vem ao pensamento, renunciando a toda crítica e a toda escolha.[26] No seu artigo de 1904, "O método psicanalítico", Freud explica como o seu método particular, ao qual ele deu o nome de psicanálise, é oriundo do procedimento catártico exposto com Breuer nos *Estudos sobre a histeria* de 1895. Inicialmente, Freud aí trouxe modificações da técnica, mas que trouxeram resultados novos para ao final das contas necessariamente levar a uma concepção modificada, se bem que não contraditória, da técnica terapêutica. E ele expõe de maneira muito concreta como ele procede: sem procurar influenciá-los de outra maneira, ele os faz se estender comodamente sobre um divã, enquanto ele próprio, subtraído do seu olhar, se sentava atrás deles. Ele não lhes pede para fechar os olhos e evita tanto de os tocar quanto de empregar qualquer outro procedimento capaz de lembrar a hipnose. Essa espécie de sessão se passa à maneira de uma entrevista entre duas pessoas em estado de vigília no qual uma se poupa todo esforço muscular e toda impressão sensorial capazes de desviar a atenção de sua própria atividade psíquica. Freud abandona a hipnose não só porque sua aplicação encontra muitas dificuldades entre os pacientes, mas sobretudo porque ela mascara os mecanismos ou as forças em jogo na formação dos sintomas. O acesso que ela permite às lembranças esquecidas na origem dos sintomas se encontra agora substituído pelo recurso às associações do doente, ou seja, as idéias involuntárias geralmente consideradas como perturbadoras e por isso mesmo ordinariamente expulsas quando elas vêm perturbar o curso desejado dos pensamentos. A fim de poder dispor desses pensamentos, Freud convida os doentes a serem displicentes, como numa conversação atabalhoada. Antes de lhes pedir o histórico detalhado do seu caso, ele os exorta a dizer tudo que lhes atravessa o pensamento, mesmo se eles o acham inútil, inadequado, até mesmo estúpido. Ele, porém, exige sobretudo que não omitam revelar um pensamento ou uma idéia sob o pretexto de que a consideram vergonhosa ou penosa. É se esforçando em agrupar todo esse material de idéias negligenciadas que Freud pôde fazer as observações que se tornaram os fatores determinantes de todo o conjunto da sua teoria.[27] A operação analítica definida aqui como uma arte de interpretar consiste então, segundo uma metáfora recorrente na obra de Freud, em extrair do mineral das idéias fortuitas o puro metal dos pensamentos recalcados.[28]

O acesso a esse material precioso não é direto. Freud sublinhou explicitamente que o interesse dessa associação livre reside naquilo que ela não libera de todo.[29] Quando o paciente tenta dizer tudo, sem crítica, um montão de coisas se colocam atravessando a sua fala: esquecimentos, julgamentos, dúvidas — muitos obstáculos ao discurso[30] que Freud designa como resistência. Isso é, poder-se-ia dizer, o sinal do recalque e é definido em relação a ele. Tomemos por exemplo os fenômenos do esquecimento que salpicam a narrativa pelo paciente da sua história. (...) As amnésias resultam de um processo que ele chamou recalque e do qual ele atribui a causa a sensações de desprazer. As forças psíquicas que produziram o recalque são, segundo ele, perceptíveis na resistência que se opõe ao reaparecimento da lembrança.[31] A visada da cura, à qual responde o dispositivo freudiano, é ao longo desses textos formulada da mesma maneira: trata-se de reconduzir ao consciente do doente os elementos psíquicos recalcados.[32] Mas, acrescenta Freud, isso só se consegue descobrindo primeiramente as resistências que aí se opõem — descobri-las, comunicá-las ao paciente, combatê-las, vencê-las: os termos variam de um texto ao outro. Em todo caso tornar o inconsciente acessível ao consciente não se resume a deixar falar o paciente e lhe falar (cf. o deixa falar... depois lhe fala...) pensando assim dissipar sua ignorância e através disso obter sua cura. O diálogo da sessão é inédito, há uma lógica própria que não é a da conversação corrente nem a da consulta médica. Até aqui é claro que essa diferença depende do tipo de saber em jogo. Ele, porém, é devido também à instauração de um parceiro inédito, o psicanalista.

No começo de "Recomendações aos médicos", Freud escreve que todas as regras podem conduzir a uma só — a seqüência do texto revela que essa regra é de fato dupla, que a regra fundamental imposta ao paciente se combinou com uma regra imposta ao médico:[33] à associação livre corresponde a atenção flutuante, *gleich-*

schwebende Aufmerksamkeit, que Lacan propôs traduzir, de preferência, escuta de igual nível.[34] Da mesma forma como o analisante fala sem fazer intervir um julgamento crítico ou uma escolha e sem omitir nada, o analista deve escutar sem fixar sua atenção, ou seja sem escolher entre os materiais fornecidos. Pois, explica Freud, gravar na sua memória algum ponto que o impressiona, eliminando qualquer outro, é fazer uma escolha ditada pelas expectativas. É justamente isso que é preciso evitar. Conformando a escolha à expectativa, corre-se o risco de não encontrar senão aquilo que já se sabia por antecedência. Obedecendo às suas próprias inclinações, o paciente falsifica o que lhe é ofertado.[35] Trata-se portanto de suspender todo julgamento e todo saber prévio. Para Freud, a psicanálise é uma prática subordinada por sua destinação ao particular, sublinha Lacan, o que implica que a ciência analítica deve ser recolocada em questão na análise de cada caso, como ele o indica no Homem dos lobos.[36]

A regra fundamental assim desdobrada privilegia a dimensão da surpresa: os melhores resultados terapêuticos (...) são obtidos quando o analista procede sem ter traçado previamente nenhum plano, se deixa surpreender por fatos inesperados, conserva uma atitude desapegada e evita qualquer idéia preconcebida.[37] Toda uma série de regras enunciadas por Freud decorre disso: o analista não deve tomar notas durante as sessões nem elaborar uma comunicação científica sobre um caso em andamento. Ele não pedirá ao analisante para anotar seus sonhos[38] e o desaconselhará de preparar intencionalmente a sessão,[39] de investir o seu pensamento num assunto ou de concentrar a sua vontade, e mesmo de ler obras de psicanálise se se trata de pacientes que se refugiam no intelectual e se contentam em comentar longamente, e freqüentemente com muita sabedoria, o seu estado, evitando assim qualquer esforço para se curar.[40] Enfim, para estar na medida para interpretar aquilo que ele ouve a fim de nisso descobrir tudo o que o inconsciente dissimula, sem que sua própria censura faça tela, o analista deve ser submetido a uma purificação psicanalítica, ter tomado conhecimento dos seus próprios complexos que arriscariam atrapalhar sua compreensão dos propósitos do analisado. A análise didática deve permitir ao analista se servir do seu próprio inconsciente como de um instrumento e, segundo a imagem bem conhecida, ser em relação ao inconsciente do paciente como o receptor telefônico a respeito do postigo de chamada. Ele deve poder colocar sua própria individualidade fora de jogo e ficar impenetrável e, como um espelho, não fazer senão refletir aquilo que lhe mostram.[41] Pode-se deduzir daí que o analista deve ser esse personagem silencioso, apático e mortalmente indiferente que as caricaturas denunciam. Veremos, entretanto, que a dita abstinência, como o explica Serge Cottet, não é em nenhum caso abstinência do desejo.[42]

Enquanto Freud pode dar a entender que as regras técnicas se aplicam caso a caso, ele é bastante intransigente quanto à observância da regra fundamental. Freud nota que quando fazemos uma única concessão, todo o trabalho é fadado ao fracasso. Se o paciente hesita em falar ou terceiros comunicam ao analista aquilo de que ele deve falar, não se trata de ceder. Dessa forma, só se fará ajudar a proteger a neurose, ou a neurose e as resistências, elas, não poupam nada. Notemos também que ele considera indispensável dar a conhecer essa regra da análise desde o começo. Ela não pode ficar tácita, pois é a única coisa sobre a qual não haverá escolha.[43]

Seguir falando não é senão aparentemente confortável, mas a regra fundamental é o instrumento que, ao longo do tratamento e até o seu término, permitirá trazer à tona justamente aquilo que o coloca em xeque. No seu artigo de 1914, "Recordar, repetir, elaborar", Freud anuncia uma outra parte de (sua) técnica psicanalítica que ele nomeia perlaboração (*Durcharbeiten*), e que é em suma o nome que ele dá ao tratamento da resistência. Não é suficiente nomear para que ela desapareça, é preciso dar ao doente o tempo necessário para conhecer bem essa resistência que ele ignorava, para perlaborá-la, para vencê-la e para prosseguir o trabalho começado, apesar dela e obedecendo à regra analítica fundamental. Não é senão dessa maneira que as moções pulsionais recalcadas que alimentam a resistência podem ser descobertas. Essa é uma tarefa árdua e uma prova de paciência, pois o médico não tem (...) senão que esperar, que deixar as coisas seguirem o seu curso, pois ele não saberia nem evitá-las, nem apressar a sua aparição.[44] É preciso, pois, tempo e a confiança na regra fundamental.[45]

Atualidade e presença

É o momento de interrogar Freud acerca da sessão analítica na sua relação com o tempo. Nos seus escritos técnicos, ele enfatiza de diversas formas que a psicanálise exige sempre muito tempo e que a duração do tratamento, se ela não pode ser determinada com antecedência, não pode ser reduzida, pois existe necessariamente uma proporção entre o tempo, o trabalho e o resultado.[46] São teses que ele não desmentirá jamais e nos é suficiente reenviar aqui à análise com fim e a análise sem fim de 1937. Em 1904, ele evoca uma duração de seis meses a três anos,[47] mas, como o aponta Paul Roazen, as cifras variam.[48] Contentemo-nos em remarcar que o tempo não vai freqüentemente além de cinco ou seis anos, mas que Freud, ele próprio, apresenta (em 1913) como uma dificuldade nova da experiência ter que se esforçar ansiosamente para obrigar seus pacientes a parar o tratamento.[49] Da duração da sessão, ao contrário, ele não diz quase nada, mas ele coloca a ênfase sobre a freqüência.

A exigência do tempo está associada à do dinheiro. Em 1904, ele enfatiza quanto o tratamento analítico inclui um sacrifício de tempo e de dinheiro[50] e em 1913 apresenta simultaneamente duas questões importantes que se apresentam no início do tratamento, a do tempo e a do dinheiro: "Se consideramos o tempo, eu avalio que certamente convém fixar uma hora determinada. A cada um dos meus doentes será atribuída uma hora disponível do meu dia de trabalho; essa hora lhe pertence e deve ser paga mesmo se ele não fizer uso dela. Quanto à freqüência, ela é alta e deve ficar assim: uma sessão diária, exceto nos domingos e dias de festa, ou seja, eles virão seis sessões por semana. De fato as interrupções, mesmo as de curta duração, atrapalham sempre um pouco o trabalho; nós nos tínhamos acostumado a falar brincando da 'carapaça da segunda-feira', quando retomamos o trabalho depois da interrupção do domingo." Freud certamente deixa brecha para as variantes, seja para a duração da sessão — mais de uma hora para aqueles que não chegam a se aliviar (...) uma vez que a maior parte da sessão se escoou: Lacan lembrará o valor da resistência nesse tipo de fenômeno —, seja para a freqüência — para os casos leves ou para aqueles dos quais o tratamento já está muito avançado, três horas por semana são suficientes.[51] Um mesmo princípio, porém, rege a exigência da freqüência. Ele é formulado em vários artigos, por vezes também a propósito de outros pontos técnicos: é a necessidade de preservar a atualidade. Quando as sessões são muito espaçadas, corre-se o risco de não caminhar no mesmo passo que os incidentes reais da vida do paciente e de ver a análise perder o seu contato com a realidade e se engajar nas vias laterais.[52] Freud aborda muito concretamente a questão no seu texto sobre o manejo da interpretação dos sonhos em psicanálise: é preciso consagrar mais de uma sessão à análise de um sonho? Se sim, o que se passa se a produção onírica aumenta? Ele responde negativamente insistindo sobre o valor da resistência de uma tal riqueza de material e acrescenta: (...) o tratamento ficou, com esse intervalo, um pouco fora do tempo presente e perdeu todo o contato com a atualidade. A essa técnica deve se opor uma regra, segundo a qual, no tratamento, importa no mais alto grau que o analista saiba a todo momento o que ocupa a superfície psíquica do doente, quais complexos, quais resistências ele apresenta e qual reação consciente contrária vai regular seu comportamento.[53] Esse princípio é generalizado na sua definição da técnica analítica de 1914: é uma técnica segundo a qual renunciamos a determinar um fator ou um problema particular e onde nos contentamos em estudar a atual superfície psíquica do paciente (...).[54]

Essa insistência sobre a realidade, que é uma faceta da regra fundamental,[55] emparelha com a exigência da presença, em carne e osso, dos protagonistas. O pagamento das sessões a que se falta se justifica pela necessidade de não se deixar interromper intempestivamente o trabalho e traz à luz ao mesmo tempo a freqüência das doenças escolares e a inexistência do acaso... Sobre o pagamento dos honorários, Freud é cortante e sem falsa vergonha. A partir das suas notas, lembremos aqui que ele desaconselha o tratamento gratuito porque a ausência da influência corretiva do pagamento apresenta graves desvantagens: o conjunto das relações escapa ao mundo real. Privado de um bom motivo, o paciente não possui mais a mesma vontade de terminar o tratamento. Os exemplos que ele relata testemunham um laço transferencial insolúvel e evocam o tropeço no rochedo da castração ao qual dará destaque anos mais tarde a propósito do final da análise.[56]

Tocamos aí na outra razão pela qual toda ação psicanalítica pressupõe (...) um contato prolongado com o doente.[57] É que ninguém pode ser morto *in absentia* ou *in effigie,* ou ainda: é impossível derrubar um inimigo ausente ou fora de alcance.[58] Freud utiliza essas expressões a propósito da transferência, a qual, nesses artigos, de bom grado, ele transforma numa arena[59] ou num terreno de luta entre analista e paciente.[60] A transferência, espécie de doença artificial e por conseqüência fatia da vida real,[61] amor nascido do próprio artifício da situação analítica e portanto amor verdadeiro,[62] é a alavanca da cura analítica. É, diz Lacan, o princípio do seu poder, mas com a condição de não se fazer uso dele.[63]

A abstinência

A resposta do analista à transferência provocada pela situação, independentemente da sua pessoa,[64] é também inédita: a vida real não comporta nada análogo. Ele deve se esforçar para ignorar a transferência amorosa, para não amedrontar ou aborrecer o doente, mas igualmente, e com bastante firmeza, para não lhe responder.[65] Eis uma versão da abstinência, princípio fundamental da técnica, que Freud formula em termos muito semelhantes em dois artigos, um de 1915, "Observações sobre o amor de transferência" e outro de 1919, "Os novos caminhos da terapêutica analítica". Neste, ele faz paradoxalmente o primeiro princípio da nova técnica evoluindo no sentido da técnica ativa de Ferenczi : a atividade requerida ao médico consiste em manter a frustração — *die Entbehrung aufrecht halten.*[66] Dizer que o tratamento deve ser praticado na abstinência (*Entbehrung, Abstinenz*) significa certamente que o analista deve recusar ao paciente ávido de amor a satisfação que ele reclama,[67] mas a abstinência ultrapassa largamente esse quadro. O termo não se reduz à significação corrente de renúncia às relações sexuais, seja na sessão seja na vida privada; trata-se de algo diferente que se relaciona principalmente à dinâmica da doença e da sua cura.[68] Ela concerne à satisfação empregada nos sintomas e ao seu valor. A doença, explica Freud, foi causada por uma frustração (aqui, em alemão, *Versagung*) e os sintomas servem de satisfações substitutivas (*Ersatzbefriedigungen*). Quando o estado do paciente melhora, a força pulsional (*Triebkraft*) que o sensibiliza em direção à cura diminui, o que compromete o tratamento. Portanto, Freud conclui, por mais cruel que isso possa parecer, devemos estar atentos para que os sofrimentos do doente não se atenuem prematuramente de maneira marcante. O dever do analista é de se opor energicamente a todas as satisfações de substituição prematuramente adotadas que o paciente procura para criar no lugar dos sintomas. Entre essas diversões, Freud evoca tanto prazeres, interesses, hábitos como também o engajamento leviano numa ligação e o casamento infeliz que satisfaz a obediência de punição que faz com que tantos neuróticos se mantenham tão obstinadamente nas suas doenças. Ele atrai por outro lado a atenção sobre a satisfação substitutiva que o paciente procura no próprio tratamento. Não é preciso nesse ponto a doce vida: em análise, é preciso evitar todos esses agrados.[69]

Um desses mimos poderia ser de permitir ao paciente de se abster da dura prova[70] de se deitar no divã. Embora Freud não ligue explicitamente o uso do divã à regra da abstinência, nos seus textos ele enfatiza menos o conforto do que a insatisfação ou a exigência de renúncia. Freud manteve esse vestígio do método hipnótico por razões pessoais — ele não suportava ser olhado durante o dia todo — mas mais fundamentalmente porque serve à transferência e ao seu manejo. Ele permite isolar a transferência que surgiu no estado de resistência sem que as expressões do rosto do analista possam interferir nas associações do paciente.[71] E se esse último utiliza o tempo fora do divã como uma zona que seria fora da análise, sua astúcia é rapidamente frustrada por Freud que desmonta esse tabique reintroduzindo na primeira ocasião o material assim desviado.[72]

A regra da abstinência, nós o vimos, vai ao encontro do conforto do sujeito. Ela é, segundo Serge Cottet, destinada a convocar o sujeito à ordem do seu desejo até mesmo quando adormecido. Ela visa a manter a brecha aberta sobre o real do gozo interditado e protege o analista dos ímpetos do seu bom coração.[73] O analista de fato deve deixar suas simpatias e seu orgulho terapêutico no vestiário. Como um químico, ele sabe bem que manipula materiais os mais explosivos, mas ele deveria, ao menos no tratamento, tomar como modelo o cirurgião que, deixando de lado toda reação afetiva e até mesmo toda simpatia humana, não persegue senão um único alvo: conduzir tão habilmente quanto possível sua operação.[74]

A FICÇÃO DA SESSÃO

Horacio Casté

A técnica freudiana para a realização de uma análise, as distintas formas de incidir no discurso do analisante e o dispositivo em que estas têm lugar, segue sendo objeto de estudo por parte dos analistas interessados em revelar o que Freud realmente fazia com seus pacientes. Algumas de suas conclusões são certamente úteis e interessantes, tendo em conta a perspectiva científica, desde a qual são realizadas essas investigações, pois em seu desejo de exatidão e sistematização aportam dados que os autores mais próximos a círculos psicanalíticos habitualmente ignoram. Por exemplo, do exaustivo trabalho realizado por Paul Roazen,[1] que leva a concluir que provavelmente Freud não sabia muito bem o que fazia, além de ressaltar a variabilidade nos métodos empregados e nos resultados obtidos. Outro notável exemplo é o curioso artigo de D. Lynn e G. Vaillant, que concluem que os resultados "mostram uma disparidade substancial entre as recomendações de Freud e seus métodos reais. O método prescrito por Freud, definido por suas recomendações, não foi utilizado ou ensaiado em sua prática. O método verdadeiro de Freud não foi nunca descrito explicitamente em seus escritos e não pode ser replicado."[2]

Os conselhos de Freud e seus destinos

Não há por que insistir no destino que tiveram os conselhos que Freud ofereceu em seus escritos técnicos aos que iniciavam na prática da psicanálise, apesar de ter deixado claro que era um procedimento que ele construiu a sua medida e em absoluto era um decálogo estrito. Seu interesse científico e a técnica que elaborou não se referiam à representação de uma análise senão a seu objeto e seu fim.

Evidentemente a sessão analítica, unidade mínima das que constituem uma série de encontros que dão lugar ao desenvolvimento de uma análise, como qualquer outra práxis, necessita de certos requisitos que a façam possível, mas não há nada que permita defini-las em seus detalhes. Portanto, isso não foi obstáculo, para que os discípulos de Freud se pusessem de acordo sobre certas regras estritas para formalizar o que chamaram de enquadre, criando algumas condições para a "representação" propriamente fictícia.

A estandardização das regras de aplicação da psicanálise tem uma longa história, que começa com a necessidade de unificar critérios em centros assistenciais, nos anos 20, e mais tarde em relação às funções de formação, por parte das sociedades analíticas, como modo de controle tanto sobre esses critérios, quanto sobre os habilitados para praticar o tratamento. Paradoxalmente, essas regras se transformaram no eixo mais sólido para a coesão da Associação Internacional, já que ao mesmo tempo albergava em seu seio correntes teóricas contrárias desde sua fundação e que persistem atualmente. A aplicação dessas regras, por parte de uma pessoa autorizada chegou a ser inclusive o que definia uma psicanálise, até o ponto em que deixaria de sê-la se isso não fosse respeitado; por exemplo, no que se refere a sua duração ou a sua freqüência.

A bibliografia a este respeito é ampla, conhecida e carece de ser detalhada; mas o que interessa neste momento é destacar a coincidência dos autores quanto à rigidez de algumas normas, os antigos conselhos de Freud, que perseguem propósitos diferentes e são defendidos com argumentos variáveis, que dependem dos pressupostos teóricos de cada autor. À exceção do próprio Freud, cujo único argumento para se dar os elementos do dispositivo foi sua preferência pessoal.

O retorno a Freud

Ficção: a falta de argumentos coerentes para sustentar uma práxis, que essa diversidade põe de manifesto, foi denunciada por Lacan como o que finalmente se reduz ao exercício de um poder. Em *Os quatro conceitos...* ele dá uma definição de práxis que convém lembrar: "... é o termo mais amplo para designar uma ação realizada pelo homem, seja qual for, que lhe dê a possibilidade de tratar o real mediante o simbólico."[3] Isto é o que verdadeiramente está em jogo na direção de uma cura. O imaginário, diz imediatamente, é secundário.

O retorno a Freud, por ele proposto em 1953, o levou a uma crítica — que provavelmente atinge seu ponto mais decisivo em "Situação da psicanálise e formação do psicanalista em 1956" — desses desvios teóricos e técnicos que tem como denominador comum "o abandono da palavra", e a uma definição da cura que incluía mudanças radicais no dispositivo, que desde o "Discurso de Roma" ocupou uma boa parte de seu ensino. Lacan promove uma clínica freudiana que leva em consideração o aprendido sobre o dispositivo mesmo, a transferência e a função do analista, diferente daquela de ser objeto de identificação ou tela de projeção. Promove a mudança de um ritual que vai além de introduzir as sessões curtas; o analista, entre outras coisas, é responsável pela eficácia do dizer; o mero falatório não tem por que caber no dispositivo freudiano, a elaboração não tem por que ser incluída na sessão e, portanto, sua duração irá do instante de ver ao momento de concluir, ficando o tempo de compreender, para Lacan, fora.

Os enquadramentos

As conseqüências das mudanças na concepção do enquadramento introduzidas por Lacan que, finalmente, levaram à sua expulsão da IPA, ainda se faz sentir entre analistas "ortodoxos". Por exemplo, J.-L. Donnet publicou em 1979 um artigo[4] onde, depois de uma virulenta rejeição a essas mudanças, expõe o que segundo diz, pode considerar-se a posição oficial sobre o enquadre psicanalítico: a duração da sessão oferece uma proporcionalidade verossímil entre a causa e o efeito, entre os meios e os fins que a psicanálise se propõe. Também um tempo adequado à sua função de proporcionar um lugar à essencial regressão narcisista, sustentáculo e invólucro da neurose de transferência, em torno do que girará a análise, mediante a utilização da interpretação onde se privilegia o *hic et nunc*. Reconhecemos aqui as conseqüências de uma teoria errônea da transferência centrada nos afetos, que se resolvem em uma projeção interminável sobre os objetos, cuja relação o paciente reedita.

Esse tempo da sessão permitiria uma errância necessária para o analisante, por ser onde se manifesta a resistência — "baluarte a reduzir". Segundo esta suposição, que não pode estar ausente em uma posição oficialmente eclética, cabe perguntar-se se a resistência tem que ser reduzida para que se manifeste a regressão narcisista, ... "e assim o peixe morde o rabo". A fixação do tempo de término da sessão é índice de que o analista não privilegia nenhum conteúdo, além de que garante o direito do analisante a ser escutado. Aqui, não deveríamos nos perguntar o que implica uma direção da cura — na qual nenhum elemento é privilegiado — que não seja um perambular infinito, e o que quer dizer então escutar, neste contexto em que tudo tem o mesmo valor?

O espaço assim criado é ótimo para o desenvolvimento dessa atividade psíquica privilegiada dominada pelo fantasma, com exclusão de toda possível intromissão contratransferencial. Lacan teve evidentemente seus motivos quando definiu a contratransferência como a soma dos preconceitos do analista; entendemos, então, que o fantasma é o que corre o risco de intrometer-se na cura em que se privilegiam os afetos.

Mediante a instituição de um tempo fixo para a sessão, o analista se dirige ao eu racional do paciente, permitindo-lhe reconhecer juntos a realidade objetiva cotidiana. Em última instância este modelo se refere, diz o autor, ao que regula as relações entre o imaginário e o real. Temos de considerar que, embora neste artigo se utilize certa terminologia lacaniana, os conceitos que designam não têm, necessariamente, a mesma referência. Aqui o "real" se refere a essa realidade cotidiana que regula as relações e que, para o caso deste enquadre, é preciso formalizar no conhecido "contrato" no início de toda análise.[5] O real, neste ponto, designa a lei. Não poderia se esperar outro recurso para quem ignora a distância entre imaginário, simbólico e real do que está em jogo em uma análise. Deste modo não fará falta ir muito longe para topar-se com o "avesso da psicanálise", ainda que (e principalmente por isso) esse discurso se revista das melhores intenções. Então a questão que se impõe é: até que ponto essa cena, que é o enquadre, não funciona como obstáculo para o funcionamento daquela outra que Freud introduziu, inspirando-se em Fechner, em vez de propiciá-lo?

Um "escrito técnico" de Lacan

As indicações propriamente técnicas de Lacan são muitas, explícitas ou implícitas em quase todos os seus escritos, mas existe um que poderia ser tomado como um escrito "técnico", à maneira dos de Freud, trata-se de "Da psicanálise nas suas relações com a realidade". Ali ele pergunta: "O que faz que uma análise seja freudiana?".[6] Ele continua: "... responder conduz até onde a coerência de um procedimento, cuja característica geral é conhecida sob o nome de associação livre (mas que não se livra, não obstante), impõe pressupostos sobre os quais a intervenção é, principalmente, o que aqui está em discussão: a intervenção do analista carece de pretexto".

Duas questões fundamentais em relação ao procedimento: dois paradoxos, um do lado do analisante — a associação livre é uma ficção que seja livre, desde quando segue as vias que o significante lhe impõe; e do lado do analista, sua intervenção carece de pretexto e coerência técnica. Como dar consistência a qualquer procedimento nessas condições? Lacan responde, então, com uma extensa lista do que não é o eixo do procedimento freudiano. A impossibilidade de formular regras fixas, de dizer o que fazer, fica totalmente de lado e assim se entende, porque para Freud como para Lacan, na análise mais que de técnica, de procedimento, se trata é de ética, à qual os recursos técnicos estão subordinados. Uma ética do desejo que se põe em jogo desde o lado do analista. Isso que chamou desejo do analista e que, como tal, se manifesta na interpretação que, como não é uma tradução, não se refere ao significado, senão ao significante, que dito pelo analista, terá que ser interpretado pelo analisante. Que o inconsciente está estruturado como uma linguagem, determina que se uma sessão analítica, em particular, tem valor e merece ser recordada como tal, o será inevitavelmente em relação à série da qual forma parte, já que uma sessão, assim como um significante, toma seu valor por ser distinta das demais. Igual que um significante, forma parte de uma cadeia na qual, em algum lugar, se produz um ponto de estofo que dá sentido a essa cadeia. O fenômeno da repetição é inevitável em uma análise, por isso algo deste efeito sintomático deve mudar, algo deve cair, ordenando o discurso de outra forma. É do poder discricional do ouvinte que o significante toma sentido; é desde esse lugar do Outro que o sujeito recebe sua mensagem em forma invertida, sua própria mensagem e nenhuma outra que pretenda injetar-se como um proceder irruptivo.

Não se trata, portanto, de reduzir a demanda à necessidade e sua satisfação ou sua frustração, que é a técnica proposta pelo autor do artigo, antes comentado, pois isso leva à "reeducação emocional", que os defensores desse proceder consideram um dos fins principais da análise.

Efetivamente a sessão é uma ficção, mas uma ficção não é necessariamente um engano. Como é sabido, Lacan tomou da teoria da linguagem de Bentham sua idéia de que a verdade tem estrutura de ficção.

Estudando objetos de caráter jurídico, Bentham chega a dizer sobre as ficções: ... é só pela linguagem que as chamadas entidades fictícias têm existência, uma existência indispensável, embora impossível. No entanto, o significante cria significado e o fato de falar engendra a crença, melhor dizendo, a suposição de que o que se diz tem um referente. O analista se presta, em princípio, a ocupar este lugar no qual o analisante o situa, pelo mesmo fato de dirigir-se a ele por supor a demanda implícita em seu discurso, abrindo o caminho a uma posição regressiva e de dependência, mas não só no sentido imaginário, totalmente secundário, na qual se espera não sabemos que gratificação, senão uma dependência estrutural por sua alienação significante, onde o Outro teria a chave que lhe falta para responder à sua pergunta. O analista suporta essa função de semblante de saber, de sujeito suposto saber, à condição de distinguir claramente entre o ser, solidário ao semblante, e o real como impossível. Prestar-se a isto, como condição para que a análise possa acontecer, não deve confundir-se com crer sê-lo. O analista não só não deve responder à demanda como tampouco frustrá-la. Deve poder ser o que causa o dizer do analisante e é através de seu ato — seja a interpretação, escansão, corte, utilização do dinheiro, ou qualquer outro recurso que se justifique por seu efeito — operado desde este lugar de objeto causa, que a análise terá a sua meta.

É verdade, a sessão analítica é uma ficção, mas não no sentido de uma formalidade cenográfica, senão porque os que dela participam não são o que parecem e, no entanto, com seu para-ser, fazem possível que ex-sista algo mais. Formam parte de uma representação inevitável para que possa ser produzido, mais além da encenação, um encontro com o real.

Contingência e Regularidade

Adriana Testa

Um acordo que reúne duas, três ou mais pessoas, num mesmo horário e num mesmo lugar, já é uma instituição. A regularidade institui um encontro, as contingências marcam as particularidades e as vicissitudes do que se institui. Com esta descrição mínima, podemos circunscrever um elemento de base no funcionamento de qualquer instituição, das mais diversas. Não obstante, esta primeira referência não só nos introduz no tema, por analogia, como também adverte a respeito de uma diferença: a sessão analítica, nas coordenadas de espaço e de tempo, faz parte de um *continuum*, que não admite a fixidez daquilo que se define como instituição. Sem dúvida, à maneira de um cristal multifacetado, que se ilumina de muitos modos, de acordo com a entrada de luz e o ângulo desde o qual se o veja, é o lugar de convergência dos distintos vetores de força que compõem o campo da psicanálise. Cristal multifacetado ou caixa de ressonâncias, aí também se refletem ou ressoam os incidentes que têm marcado uma história que já dura um século.

Berlim, 1930

Remetendo-se aos primeiros tempos da psicanálise e às primeiras formas incipientes da análise didática como parte medular da formação dos analistas (formas dadas por um Freud que escuta os sonhos de seus discípulos ou que ajuda o tratamento de sintomas neuróticos de médicos ou psicólogos que o consultavam com tal finalidade), Siegfried Bernfeld distingue, na conferência pronunciada na Sociedade e no Instituto de São Francisco (1952), dois períodos claramente demarcados.

O primeiro período abarca desde os começos da psicanálise até 1923-1924. Nesse tempo se dissipa toda crença possível na auto-análise, a favor de uma análise pessoal com alguém que saiba um pouco mais e inspire confiança. O segundo período se inicia em fins de 1923 e começo de 1924, quando a Comissão de Ensino da Sociedade de Berlim decidiu regulamentar suas atividades. Ela oferecia um programa de ensino completo aos psiquiatras que aceitaram as condições que advinham do regulamento estabelecido: formas de admissão do candidato; exigência de uma análise pessoal, cuja duração mínima era de seis meses; designação do didata por parte da Comissão, que decidia o momento quando se considerava concluída uma análise. Com o passar do tempo, as condições transformaram-se em costumes. Não obstante, a proclamação desta política, segundo observa Bernfeld, ressoou como algo inaudito no mundo analítico. Para alguns, era uma solução; para outros, a decisão assumida em Berlim complicaria sua tarefa. Não faltaram os céticos.

O que foi que levou a esse estado de coisas? Bernfeld dá uma explicação: depois da Primeira Guerra Mundial, Freud e a psicanálise se tornaram mundialmente famosos. A psicanálise estava em todas as partes... exceto no seio da profissão médica, que a via com desdém, apesar da simpatia dos jovens psiquiatras. Por seu turno, os psicanalistas ansiavam por respeitabilidade, queriam instalar-se na profissão médica e, para alcançar esse objetivo, era preciso que tivessem suas sociedades corporativas: clínicas e institutos de formação.[1]

Pois bem, é evidente que, nesta incipiente história, a recorrência a um código que define o que é um analista (como o que estabeleceu a Comissão de Ensino Berlinense), faz de suas normas o lugar de garantia, a partir do que se instituem a formação e a prática dos psicanalistas dos anos 30. Hoje, facilmente percebemos que esse sistema de garantias tem percorrido a história do século, até nossos dias, e que o uso desse código, sustentado de um modo já não tão monolítico, como no momento em que se inventou, tende a evitar as dificuldades das contingências, o tempo e o modo oportuno de atuar sobre elas, tanto na formação dos analistas quanto no que concerne à experiência de uma análise.

Paris, 1953

A partir de 1945, em tempos de pós-guerra, a Sociedade Psicanalítica de Paris retoma, pouco a pouco, a rotina de suas reuniões. Sacha Nacht ocupa a presidência desde 1947. Jacques Lacan, membro da

Comissão de Ensino desde 1948, desempenha um reconhecido papel na Sociedade. A documentação da época confirma que foi ele quem redigiu os regulamentos da SPP, que introduzem algumas inovações aparentemente despercebidas. Outra coisa foi a repercussão que gerou a prática de "sessões curtas" na análise didática. As controvérsias foram ouvidas de todos os lados: "todo mundo estava de acordo em rejeitar a técnica de Lacan", escreve Lagache à IPA, em julho de 1953. Lacan explica em mais de uma ocasião. Em janeiro de 1953, lhe "arrancam o compromisso" de ater-se à norma estabelecida para a análise didática: mínimo de doze meses, à razão de três sessões semanais de três quartos de hora.[2]

Norma estabelecida por quem? Os documentos dão uma resposta exata. Sem dúvida, não corre por aí o fio da Comissão de Ensino de Berlim, que trama uma parte da história? O rumor orientará a força do vetor que indica o destino dessas controvérsias. Este será o tema principal, senão o único, da propaganda do Instituto depois da cisão.

Bernfeld pôs a descoberto a ação mortífera de uma organização que apenas atende aos regulamentos (para prevenir) a formação dos analistas. Lacan, por seu turno, inventou outra regra (deu um lugar ao imprevisível): sem recorrer a um tempo cronometrado, suspende a sessão para intervir, oportunamente, sobre "uma pontuação feliz... que dá seu sentido ao discurso do sujeito". ("Função e campo da fala e da linguagem em psicanálise", 1953).

Despertar

"A análise ... está orientada em direção ao que, na experiência, é o osso do real."

Com efeito, trata-se de um encontro essencial, na descoberta pela psicanálise, de um encontro sempre reiterado com um real que escapa".[3]

Com estas palavras, Jacques Lacan introduz dois termos caros à experiência de uma análise: Tiquê e Autômaton: dois modos do encontro ou do acaso (a referência é Aristóteles, o tema da causa na Física). O primeiro refere-se aos seres que têm escolha (Tiquê), no outro há acaso (Autômaton), porém se trata de um encontro que não denota, em primeira instância, o sentido humano de finalidade. Lacan afirma, por um lado, que "o real é isso que jaz detrás do Autômaton", e, por outro, define a Tiquê como "o encontro com o real", recorrendo a Kierkegaard, para encontrar nesse real o sentido humano da repetição e da diversidade mais radical. Dá um elemento chave da repetição: esta "exige o novo". Sem dúvida, no sonho freudiano: "Pai, acaso não vês que queimo?", se revela o encontro com o inerte ("ser inerte para sempre"). Visão atroz, que se faz ouvir no sonho, nessa outra cena que presentifica o desejo sob a forma da "perda do objeto ilustrada em seu ponto mais cruel... porque ninguém pode dizer o que é a morte de um filho".[4]

O "inassimilável" do encontro com o real (encontro essencialmente falho) está na própria origem da psicanálise sob a forma do trauma, determinando tudo o que segue, e fazendo deste — coisa notável, observa Lacan — um acidente, ou seja, uma contingência efetiva, porém relativamente indeterminada.

Jacques-Alain Miller analisa a teoria do sonho e do despertar em Lacan. Define o despertar como um dos nomes do real, e a seguir pergunta: "por que Lacan faz sessões tão curtas que apenas merecem o nome de sessões? "Trata-se de inspirar um analisante", responde. Provocar "algo de impaciência". "Inspirar-lhe o duro desejo de despertar, que nada tem de natural, que é inclusive antinatural".

Uma análise — conclui — pode favorecer o desejo de dormir de alguém, irritado pelo real de seu sintoma (é a via que estabelece a "suposta sabedoria do corpo"), ou pode ainda induzir à exigência do gozo.[5]

A contingência de um encontro

Em meio a um transe obsessivo (classicamente freudiano), que gravita sobre o curso da análise com a força de um encontro fortuito (análogo a um dos exemplos que dá Aristóteles, na física), produz-se um sonho: uma mulher — a mulher do vizinho que desencadeia a aflição obsessiva — o aponta como o menino bom e educado que foi para sua mãe. Isso o envergonha. Sentimento estranho à defesa com a qual responde: "sou um autômato, estou adormecido" — diz. Sem dúvida, a dor da angústia se havia instalado em seu corpo e a vergonha lançou, para fora de si, a imagem que sustentava para acalmar (e colmar) a mãe.

A aflição que desencadeia a presença do Outro (figurada em um outro, muito próximo, que está vivo e goza) e a vergonha que lhe desperta o sonho, dão forma a uma contingência que desorganiza a regularidade do próprio dispositivo, seu funcionamento: esse retorno invariável do que se chama sessão e o prazer da associação livre, que mascara e inclusive parece anular essa pura perda que angustiaria o paciente utilitarista.[6]

O adormecimento ("a rotina de sua fantasia") tenta ser a fuga frente "ao imaginário do sonho", que abre espaço da outra cena, onde se presentifica isso que não quer saber: ser o falo mortífero que colma e atenua o desejo da mãe.

Qual é o artifício que fixa as contingências do passado à necessidade do futuro?

Duas coordenadas sustentam o espaço vazio — a caixa preta — no qual transcorre a sessão analítica: a presença do analista e a suspensão temporal (o corte da sessão, a interrupção), dois modos de operar com o objeto "a" como causa de desejo e mais-de-gozar.

O analista nada guarda

A propósito da "eficácia do artifício", em Gracián, Germán García, recentemente, no Curso das Paixões, comparou a habilidade não calculada, que caracteriza o herói de Gracián ("o domínio das aparências e das ocasiões [que] prescinde de todo cálculo") com o que define uma sessão de análise. Gracián usa o vocábulo "despejo": despejar, esclarecer, desenredar, limpar, termos que evocam, antes de mais nada, a desenvoltura na prática do artifício.

Cito: "uma análise afirma as contingências, os fios do passado agarrados nesse pouco de liberdade (no jogo entre o significante e o significado, entre o sentido gozado e o adquirido, entre encontro e acaso), em uma cadeia necessária onde não haveria mais que algumas contingências soltas, flutuando".[7] Converte o contingente em necessário.

O herói de Gracián também deverá aprender a dissimular (diz: "permita a todo homem culto sondar o fundo do seu *rabo*"). Lacan demonstra que a transferência é guardar, colocar em reserva... Guardar nada, um vazio que aparece como o objeto mais estimado. Jacques-Alain Miller, no comentário sobre o Seminário da Transferência, sublinha precisamente isto: o analista é aquele que nada guarda. Guarda e engendra, "guarda a significação que engendra, ao reter nada".[8]

Propondo-se como vazio, não se deixa representar pelo significante. "A mola da transferência — acrescenta — é o modo de retenção deste nada... suscetível de transformar-se em agalma para preservar o vazio que faz dele um objeto estimado. Lacan encontra, na mestria de Sócrates, uma antecipação da posição do analista. Miller formaliza o comentário em termos de "rejeição da metáfora do amor".[9]

Sócrates continua, à luz da episteme (nada faz dele algo digno de amor) e se sustenta em seu desejo: a relação com o saber ("um mais-de-saber"). Gracián acrescenta, à posição do analista, a virtude do artifício: o domínio das aparências, das circunstâncias, da mobilidade. Em relação à presença real do analista como objeto "a", adiciona o saber-fazer com a ocasião e as aparências, sem tempo para o cálculo. Trata-se do semblante de um artifício que encontra seus recursos em "Função e campo da fala e da linguagem".

MELANIE KLEIN E A TÉCNICA

Victoria Vicente

A questão da técnica assume, na história da psicanálise com crianças, um interesse central, a tal ponto que, aprofundar-se na teoria e na técnica e achar a técnica adequada, seria a maneira de definir o percurso da teorização das primeiras analistas, para dar conta da mesma possibilidade da existência da psicanálise com crianças. Diante da pergunta como analisar crianças, há uma resposta que supõe a modificação da técnica. Fundamentalmente, o ponto da técnica é o que encontramos nas primeiras formulações das analistas mulheres, Ana Freud e Melanie Klein, e as amplas controvérsias que este tema comportou.

Não escapou a E. Jones este comentário, assinalando, na Biografia de Freud, ao se referir ao Pequeno Hans, que Freud interpretava o jogo como um reflexo do que ocorria na mente da criança e foi, nesta linha, onde se apoiaram Hermine Hug-Hellmuth e depois M. Klein, como um "artifício essencial" para a aplicação da psicanálise às crianças.

A primeira contribuição de Klein na Sociedade Húngara, no relato do caso Fritz, apresentado sob o título "O desenvolvimento de uma criança", não sugere que tenha ocorrido uma instalação do dispositivo nem um particular interesse pelo jogo. O relato surge como uma observação prolongada da conduta da criança durante o dia. M. Klein, neste texto, observa como a análise pode converter-se em um recurso de prazer, e lemos como se produziu a introdução do horário da sessão, a partir de um conselho dado a Klein por Anton von Freund, a fim de controlar esta questão.

No Congresso de Haia de 1920, M. Klein conhece Hermine Hug-Hellmuth, que já havia começado, em Viena, a analisar crianças, observando-as jogarem.

Será em sua estadia em Berlim, entre 1920-26, onde Klein refina sua técnica e elabora seus conceitos. Neste meio tempo, constrói os textos centrais em torno da técnica.

Suas idéias se desenvolvem paralelamente às preocupações de Freud e de Abraham. Dois textos freudianos deste período, "Mais além do princípio de prazer", de 1920, e "O eu e o isso", de 1923, serão considerados por Klein como os textos que maior influência exerceram sobre suas idéias. É digno de nota que ela tenha considerado estes dois textos como os que influenciaram sua obra, se pensarmos que, incluídos na segunda tópica, Freud os elaborou como resposta às dificuldades técnicas engendradas pela inércia do sintoma.

M. Klein vê sua contribuição da técnica do jogo como um passo adiante de Freud. Retoma as palavras de Freud na "História de uma neurose infantil": "a análise de uma criança neurótica parecerá mais digna de confiança, porém não pode ser muito rica em material — demasiadas palavras e pensamentos devem ser emprestados à criança — e ainda assim os mais profundos estratos de sua mente podem resultar impenetráveis à consciência", e sustenta que esta observação só pode ser devida "à má aproximação da criança com a técnica da análise do adulto". Assim, a dificuldade que Freud assinala neste parágrafo — e que pode ser relida segundo a concepção freudiana da repressão: dando lugar a um nó inconsciente, que cria uma zona de não-conhecimento —, é lida por Klein como um ponto de desconhecimento, porém, da "verdadeira natureza da criança", o que impede de abordá-lo a partir da análise, de modo adequado. O que se seguirá a este desconhecimento será a exploração da diferença entre os métodos de análise de adultos e os de crianças, concluindo que esta diferença é puramente técnica, e não de princípios.

Se o objetivo do tratamento é o mesmo, a especificidade da técnica só pode derivar-se como necessária a partir de uma concepção precisa do aparelho psíquico infantil. É esta concepção que promove as modificações no dispositivo analítico: "as diferenças que existem entre a psicologia da criança e a do adulto — o fato de que o inconsciente está em contato mais estreito com o consciente e com os impulsos instintuais — obrigam a encontrar uma técnica analítica mais adaptada a ele". Porém, em seu artigo intitulado "Simpósio sobre análise infantil", de 1927, encontramos outra razão para avalizar sua técnica. Neste texto, Klein se surpreende com o fato de que, no intervalo de 18 anos, desde a publicação do caso do Pequeno Hans, o progresso no campo da análise infantil houvesse sido tão lento. Para ela, há uma razão essencial para dar conta disto: os preconceitos dos analistas ao considerarem que, na análise de crianças, não podemos descobrir mais, em realidade menos do que quando se analisam adultos. Nestes preconceitos, ao se explorar o complexo de Édipo, encontra-se a causa da resistência interna, a se descobrir a técnica adequada: "não se foi mais longe no Pequeno Hans por não se dispor de uma técnica adequada". Este esforço em "descobrir mais" apela à solidariedade que se estabelece entre imaturidade, primitivismo e profundidade. "O mais profundo" é o mais inconsciente e o mais inconsciente, por sua vez, é o mais primitivo e o mais imaturo.

A temporalidade do sujeito

Sabemos que, para Freud, o acontecimento e sua significação não coincidem no tempo, e esta defasagem será elaborada sob o conceito de retroação, de *après-coup*. O tempo do sujeito é o tempo "reversivo".

A leitura dos textos kleinianos permite destrinchar um ordenamento temporal que se localiza no uso permanente de dois marcos. Por um lado, encontramos um marco genético-evolutivo, com o uso dos conceitos de fase e de estágio e, por outro, o conceito de posição.

Já em seu primeiro livro, *A psicanálise de crianças*, encontramos o ordenamento cronológico das fases que assinala Abraham. Também nestes primeiros trabalhos aparece seu interesse em confirmar as descobertas dos "Três ensaios" freudianos, porém, ao mesmo tempo, os subverte: sabemos da comoção que produziu no âmbito psicanalítico sua teorização do Édipo e o supereu precoces.

É interessante constatar na leitura do progresso teórico de Klein, como se inverte esta função *après-coup* e se transforma no movimento, sempre presente, de fazer retroceder, cada vez mais no tempo, suas descobertas. Pode-se considerar que esta tendência permanente indica a presença de uma estrutura unicamente sincrônica.

O tempo da interpretação

Ainda que na leitura dos textos de M. Klein a rigidez de certas normas ou regras não faça supor uma inquietude no momento da instalação do dispositivo, torna-se evidente sua preocupação em definir as condições exigidas para que uma psicanálise com crianças fosse uma psicanálise. Diante de sua busca das premissas que dariam o caráter analítico a uma prática, Klein responde: o eixo de uma psicanálise é o procedimento freudiano da associação livre e da interpretação da transferência, mas a dificuldade própria da criança, no uso da palavra, promove a implantação do jogo.

Encontra na angústia a causa da resistência às associações verbais. A angústia, que se constitui como o principal núcleo da manifestação neurótica nas crianças, será assim equiparada a um obstáculo que deve ser vencido. A sessão analítica se estabelece com um objetivo: a criança deve fantasiar, se a angústia o impede, a interpretação deve vir em sua ajuda.

A interpretação advém, assim, como um dos aspectos mais importantes de sua técnica: tão logo o paciente tenha oferecido um panorama interno de seus complexos — seja por meio de jogos, de desenhos, fantasias, ou simplesmente por seu comportamento —, considera que se pode e deve começar com as interpretações. Isto não contradiz, de modo algum, a regra segundo a qual o analista deve esperar que se estabeleça a transferência, antes de começar a interpretá-la, porque, nas crianças, a transferência é imediata. A transferência negativa torna ainda mais imperioso que a interpretação comece tão logo seja possível.

"Esta interpretação ultraprecoce das intenções da criança", como afirma Lacan em "Funções da psicanálise em criminologia", contrasta com a sugestão freudiana de dizer a verdade ao paciente, no momento em que logo irá sabê-la, no momento anterior à emergência da verdade.

M. Klein não acreditava unicamente em uma técnica do jogo, mas também numa plataforma da interpretação, que tem conseqüências diretas sobre a posição do analista no tratamento, e sobre o ato analítico.

Nestes termos, a sessão analítica supõe a atualização da capacidade do analista em dar, a todo momento, à criança, uma significação. Significação que não seria "uma nova significação", como assinala Freud, ao falar das formações do inconsciente sob transferência, mas que parece reduzir-se à inclusão do analista no fantasma da criança.

Então, o que representa a criança no jogo?

"A criança expressa suas fantasias, seus desejos e experiências de um modo simbólico por meio de brinquedos e jogos; ao fazê-lo utiliza os mesmos meios de expressão arcaicos, filogenéticos, a mesma linguagem que nos é familiar nos sonhos, e só compreendemos totalmente esta linguagem se nos aproximarmos dela, como Freud nos ensinou a respeito da linguagem dos sonhos."

Apesar desta afirmação, deste apoio na interpretação freudiana dos sonhos, suas conclusões são completamente diferentes: enquanto Freud situa o jogo nas séries das formações do inconsciente e localiza-o como uma resposta ao real do trauma, desde o kleinismo o jogo é lido como uma contribuição à linguagem pré-verbal, condizente com a mesma idéia de simbolismo a que Klein se refere. Um simbolismo — do qual fala Lacan em "A teoria do simbólico de E. Jones" — imaginarizado, que vai do objeto à imagem e depois à sua representação verbal.

A série de casos apresentados, com sua rica fenomenologia, permite situar os jogos como uma encenação, cuja significação se distribui, invariavelmente, entre dois pólos: o sadismo e a agressão, com suas vicissitudes de castigo e culpa, e o corpo da mãe. A sessão analítica constitui, deste modo, o lugar de reinstalação da relação objetal primária e, como tal, o paciente repete os sentimentos de amor, ódio, as fantasias e as defesas que se produziram no curso da primeira relação. O dualismo desta relação está claramente enunciado por Klein. Posta a sessão analítica nestes termos, a análise comporta uma dialética disposta sobre o eixo especular, e a interpretação do jogo se mantém em consonância com o estabelecimento da transferência.

Talvez, para concluir, e retomando a proposição inicial, devo assinalar que, colocar a ênfase na especialização da técnica para marcar a possibilidade da análise com crianças, faz perder de vista que é o próprio ato analítico, enquanto movimentação do desejo do Outro, que dá o valor analítico a um tratamento com crianças, e não a especialização da técnica. É esta introdução do enigma que não encontramos na técnica de M. Klein.

Bibliografia

Klein, M. "Técnica del análisis del niño", in *Obras completas*, t.2, Paidós.

______, "El desarrollo de un niño," in *Obras completas*, t.1, Paidós.

______, "A análise infantil" (1923), in *Contribuições à psicanálise*, São Paulo, Mestre Jou, 1970, p.111.

______, "Princípios psicológicos da análise infantil" (1926), p.177.

______, "Simpósio sobre a análise infantil" (1927), p.193.

Um Tabu

Carlos Dante García

"Toda formação humana tem como essência
e não como acidente refrear o gozo"
J. Lacan[1]

"Será possível que tudo pode ser questionado, recolocado na psicanálise, à exceção de alguns componentes do enquadramento?"[2] Pergunta desesperada de uma analista da IPA. Ainda que não se possa questionar tudo na psicanálise, este trabalho junto a outros revela que, em alguns setores, o enquadramento não é suficiente para definir a sessão. Cita-se M. Klein como exemplo de uma analista que, com sua técnica, modalidade interpretativa e liberdades (acompanhar Richard até o ponto de ônibus) não se ajustava ao enquadramento. Em parte é verdade. Suporia situar M. Klein nos antípodas do enquadramento. Ela não teorizou sobre isso, e sim sobre a situação analítica.

Quando Freud extraiu de sua prática recomendações técnicas para os analistas, pôs ênfase no negativo, nas coisas que um analista não deve fazer, liberando quase todas as coisas positivas, as coisas que o analista deve fazer. Freud não se omite das conseqüências de sua atitude, porque previa que "os analistas dóceis não percebiam a elasticidade das regras que tinha exposto e se submeteram a elas como se fossem tabus. Tudo isto terá que ser revisado algum dia..."[3]

O tabu e uma aparente liberalidade

A sessão psicanalítica tem sido abordada em muitas oportunidades na história da psicanálise,[4] e mesmo assim, permanece para a IPA com seu caráter tabu, sobretudo em relação à duração. Lembremos que o tabu é uma formação social que, mais além de seus fenômenos variados, tem uma unidade como base, um ato proibido. O ato proibido na sessão analítica da IPA é o ato analítico. Lacan cedo assinalava no seu ensino a importância que tem, para o sujeito e para o analista, nas suas incidências subjetivas, o tempo da sessão.[5] Denunciava o caráter tabu e escrupuloso que tomava, para os analistas, qualquer possibilidade de tratar o assunto, preferindo conservar um standard, já que levaria muito longe o questionamento da função do analista. O tempo do sujeito está determinado pela estrutura, e a função do tempo da sessão, situado como conjunção entre simbólico e real, introduz na sessão uma dimensão que não é simbólica, o objeto *a*; esta função se situa, segundo Lacan, do lado do analista.[6]

Para M. Klein, aparentemente, a sessão analítica não constituiu um tabu, e para os kleinianos muito menos, pois promoveram modificações "técnicas", ao estender a psicanálise às crianças e aos psicóticos. A sessão kleiniana, em geral, é caraterizada pelo seu valor de continente, tal como o enquadramento. Nem todos os kleinianos conceberam a sessão da mesma maneira: continente e flexível em Klein, determinada pela sua subjetividade em Heimann, espacial em Winnicott, enquadramento em Meltzer etc. Consideremos alguns aspectos da sessão em Klein e em Meltzer, para mostrar até que ponto a sessão, em Klein, continuava sendo tabu, apesar de sua aparente liberalidade, e de que maneira extrema, em Meltzer, ela constitui um conjunto de proibições para o analista.

A sessão continente

Foram as mulheres analistas, e sobretudo as mulheres kleinianas, que abalaram o caráter tabu que tomou a sessão analítica na IPA. Não fora isso, e a sessão analítica teria mergulhado, de vez, na obsessão. Os kleinianos constituem, na história da psicanálise, aqueles que mais escreveram sessões. A razão disso, o notável esforço de demonstração de seus descobrimentos e de suas propostas. Os relatos de suas sessões são extensos, enumerados, metonímicos, minuciosos.

Poder-se-ia dizer que é um estilo da sessão kleiniana. Quando M. Klein inventa o que chamou "técnica de análise do jogo",[7] parte da idéia segundo a qual a criança expressa suas fantasias, seus desejos e suas experiências de um modo simbólico, através de brinquedos e jogos. Jogando, a criança fala e diz toda espécie de coisas que têm valor de associações genuínas. Parte de uma premissa organizadora de toda a sessão: a criança fala, ainda que não fale. Modifica o estatuto da associação livre, identificada, até então, com a fala. Associar já não é equivalente a falar, porém o objetivo é que a criança fale. Sua idéia é que, faça o que fizer a criança está determinada pelas fantasias. Não só o fazer da criança, como também sua fala: "As crianças usam as palavras de acordo com suas qualidades imaginativas, de acordo com os quadros de fantasias que evocam."[8]

Toda a sessão está a serviço da fantasia, já que parte da idéia de um inconsciente estruturado pela fantasia. Como conseqüência, o campo dos fantasmas é o campo da ação de M. Klein. Assim como promoveu, na teoria, a importância do objeto parcial como fantasiado, também promoveu o analista no lugar de um objeto fantasiado, representando algum papel na fantasia da criança, e contendo os impulsos originados nas fantasias. A forma pela qual o analista vai conter, tal como lhe atribui M. Klein, é a interpretação. A ação do analista é permitir que a criança manifeste todas as suas potencialidades de expressão, oferecendo, para tanto, na sessão, tudo que mobilie a sala do analista, que deve ser eleito com essa finalidade. Não se ofertava a palavra, em especial, mas o espaço e os objetos.

Tomaremos como exemplo o caso da criança chamada Erna,[9] de 6 anos, diagnosticada por M. Klein de neurose obsessiva, que apresentava ataques de raiva, crises de fúria durante as sessões, e, acima de tudo, ao finalizarem-se estas. Esses ataques eram dirigidos ao corpo de M. Klein. Ela fez diversas intervenções, fazendo-a compreender que poderia agir de outro modo, como, por exemplo, atacar os objetos disponíveis na sala. Interpretando os impulsos sádicos em termos orais. Os ataques prosseguiram sessão após sessão, sobretudo quando lhe anunciava o final, de acordo com o funcionamento do relógio. Um dia decide, ao anunciar o término da sessão, abrir a dupla porta da sala para refreá-la, sabendo que lhe era muito penoso que a pessoa que vinha pegá-la visse uma de suas explosões, e a sala de análise como um campo de batalha.

Vemos que, aqui, M. Klein não recorre à interpretação, apesar de seu ativismo interpretativo e sua convicção a respeito; tão convencida de que quase tudo era passível de interpretação, segundo um tipo de código que respondia, na sua teoria do objeto, à fantasia oral. Neste caso, convoca um terceiro com seu olhar, recurso extremo que mostra M. Klein sustentando o término da sessão, numa antecipação regulada da mesma, uma vez que se esgotou o tempo, promovendo uma alienação do sujeito de si mesmo quanto a sua verdade.

A verdade do sujeito fica situada, em M. Klein, em termos de saber com suas interpretações. Já sabe de que objeto se trata: o oral. A verdade de Erna fica localizada nesse terceiro; tratava-se do objeto *a* enquanto olhar. M. Klein também adotou as regras propostas por Freud como se foram um tabu. Seu ato, no caso de Erna, parece ser um compromisso entre o proibido e o permitido. Qual foi o continente? Não foi a projeção dos maus objetos internos sobre a analista, dialética ilusória promovida, no caso, em grande parte por ela, na medida em que partia de um sujeito suposto agressão. O continente foi seu ato desesperado. O ato analítico, por alguns instantes, não lhe era alheio e, em parte, não era um tabu para M. Klein.

A sessão organizada a partir da simplicidade

Meltzer considera que a tarefa principal do analista, na sessão, é a "criação" do enquadramento. Considerado do grupo dos analistas kleinianos é quem, entre eles, mais fortemente impulsionou uma teoria do enquadramento que teve grande incidência nos analistas argentinos. Desde a perspectiva de nosso trabalho, representa um paradigma do escrúpulo e do caráter tabu da sessão. Para Meltzer, o segredo da estabilidade do enquadramento é a simplicidade, e esta depende do estilo simples do trabalho do analista.

O que implica o estilo simples? A manutenção de uma ordem e rigor por parte do analista nos acordos do pagamento, de honorários, do consultório, de sua roupa, de seus modos de expressão, de seu comportamento etc. Sua idéia é que o analista deve controlar o enquadramento de maneira tal que permita a evolução da transferência; para tanto, o analista não deve permitir que nenhuma realidade externa interfira. Por conseguinte, a casa do analista deve estar praticamente desprovida de objetos que distraiam, sem telefone, nem relógio. No seu livro *El proceso psicoanalítico,*[10] expõe sua teoria da análise baseada no aparecimento de seqüências, de fases. O processo analítico é cíclico e, como tal, pode aparecer uma seqüência em cada sessão, semana, período, ano. Uma dessas unidades cíclicas temporais é a sessão. Ou seja, sessão forma parte de todo o processo, e pode incluir, em si mesma, um ciclo do processo analítico. Define a sessão inicial como logística, fixando as datas de férias e a política do analista. Denomina político seu modo de proceder. Nessa primeira sessão, dá as instruções sobre o uso, a vantagem e a razão de ser do divã, comentando sobre o método analítico e as instruções sobre a regra fundamental, e deixando fixado que, experimentalmente, compromete-se a trabalhar durante um trimestre. O início do tratamento desde cedo o situa na primeira interrupção de fim de semana.

Por quê? Entende que, já nessa primeira interrupção da seqüência das sessões diárias, coloca-se em jogo a angústia de separação e, por conseguinte a utilização da identificação projetiva massiva como defesa.

Isto supõe todo um mundo, o mundo do espaço do mundo interno. Assim, por exemplo, o paciente relata, em uma sessão de uma segunda-feira, que foi muito bom, que fez determinadas coisas; saiu com sua mulher, divertiu-se etc. Ele parte do suposto que, se o paciente se apresenta livre de angústia, é porque colocou na sua mulher sua parte angustiada, mediante a identificação projetiva. Não consiste em interpretar-lhe as saudades do analista, mas de dizer-lhe que não teve saudades do analista porque fez, justamente, algo para não ter. Concebe a sessão analítica como uma unidade na qual se pode verificar até que ponto se alcança o objetivo do processo analítico, que é a posição depressiva, que implica menos dissociação e mais integração do eu, e isso depende da "penetração" da atividade interpretativa do analista.

Exemplo disso é o ciclo do processo numa sessão individual[11] de uma paciente de 4 anos e 6 meses, com quem uma analista realiza 23 interpretações e não chega a alcançar esta posição. Concebe o ativismo interpretativo na sessão como uma contínua declaração da atitude analítica: "Sou seu analista, uma figura externa; recebo suas projeções, mas não estou dominado por elas; ainda sou capaz de lhe comunicar meus pensamentos". Considera a prática do analista como um ato de virtuosismo, uma combinação de atividade artística e atlética, e que, para que seja bem-feita, tem que "doer". Deve realizar-se com grande esforço. Pode-se apreciar os traços que apresenta a sessão em Meltzer, graças à orientação kleiniana: trabalho, devoção, intimidade, isolamento. Sua elaboração da sessão apresenta traços de escrúpulo que vão muito além da duração da sessão, e em que predomina a morte do desejo do sujeito, a eliminação de qualquer possibilidade do acaso e a proibição do ato analítico.

O ato continua proibido

Em 1993, uma analista da Associação Psicanalítica de Buenos Aires publica um livro intitulado *A psicanálise, essa conjetura. O humano suplício de interpretar*[12] no qual, entre outras coisas, critica, muito intensamente, M. Klein. Questiona seu dogmatismo, seu simbolismo interpretativo, sua metapsicologia. Interroga também o enquadramento: "Por que um enquadramento igual para todos os pacientes?... Todos os pacientes, todas as sessões, todos os minutos."[13] Declara: Quero e acredito numa psicanálise não standard, e sim original e única para cada situação. Advoga pelo direito de uma ciência livre. Testemunho contemporâneo de uma analista kleiniana que na enunciação de sua pergunta: "por que um enquadramento igual para todos?", mantém o enquadramento mais além de seu enunciado, e concebe a sessão como o exercício maiêutico do analista. A sessão analítica na IPA continua sendo tabu, o ato analítico está proibido.

II

Do lado do analista

Presença do Analista. Não sem o Corpo...

Christiane Alberti

Se a clínica pode se definir como encontro de corpos, Jacques Lacan subverte as coordenadas dessa conjuntura construindo a questão da presença na sessão analítica. O corpo não basta para fazer presença, mas, sem o corpo, não há presença do analista.

Não se concebe facilmente a presença do analista. Duplamente arrebatada nos registros tanto da evidência sensível como no da inteligível, ela resiste à captura direta e se manifesta, eventualmente, em sua dimensão opaca, enigmática.

Muito cedo em seu ensino, Lacan evoca o sentimento da presença que, às vezes, se apodera do sujeito na sessão analítica. No ponto mais sensível e significativo da transferência, o analisante faz ali a experiência da atualização da pessoa do analista: "o sujeito o ressente como a brusca percepção de alguma coisa que não é tão fácil de definir, a presença".[1] Devemos ao gênio de Freud a transformação do obstáculo encarnado pelo analista, em instrumento para a análise.

Quanto ao analista, Lacan realçará sua necessária presença, não a ausência. Ele opera *ni in absentia ni in effigie*, mas sim como presença, como um corpo real. Recorrente no ensino de Lacan, a evocação da presença segue o percurso de suas sanções a respeito dos desvios da doutrina e da prática psicanalítica, lá onde Lacan se dedica a distinguir severamente a transferência da sugestão.

Essa crítica conheceu uma escansão importante, nos anos 50, no momento da publicação da obra coletiva *A psicanálise de hoje*, notadamente com as contribuições de Maurice Bouvet, de quem Lacan levou a sério as posições sobre a situação analítica.[2] De nossa parte, destacamos no presente trabalho o comentário do caso princeps de Bouvet, desenvolvido por Lacan na última parte do *Seminá-*

rio 5: As formações do inconsciente, contemporâneo do texto "A direção do tratamento e os princípios de seu poder".[3]

A comunicação imaginária

O conjunto dos trabalhos de Bouvet testemunha a amplidão que a relação de objeto tomou para os pós-freudianos. As estruturas clínicas encontram-se ali reportadas a três tipos de organizações da relação de objeto que vão do registro pré-genital ao registro genital. Disso se deduz uma direção do tratamento.[4] Baseando seus cálculos sobre a variabilidade da relação de objeto, ela favorece os traços homossexuais da transferência e convém maravilhosamente à causa fálica dos obsessivos. O obsessivo, de acordo com Bouvet, encontra nas fantasias homossexuais resultantes da transferência, um recurso contra a fraca libido objetal. O tratamento constitui o objeto de um *working through* que permite ao sujeito, depois de uma fase de oposição agressiva e a partir da incorporação do falo do analista, consentir fonte de potência ao objeto. Sua saída se baliza em relação à autonomia do objeto sob uma forma parcial (cf. o amor parcial do objeto, em Abraham).

Desde então, a ação do analista consiste em uma dosagem sutil da distância do objeto. Por não conceber a distância estrutural do objeto, não lhe resta senão ordenar, conforme a famosa técnica do "aproximar", a distância entre o paciente e o analista. A situação analítica é remetida a uma realidade simples, pretensamente objetiva, da qual o analista se faz o representante.

Para dizer a verdade, uma tal desconceitualização, observa Lacan, engendra uma ilimitada "abrasão da técnica".[5] Em um caso relatado por Bouvet, o 'não poder sentir o cheiro do analista' é tomado literalmente, uma vez que o "cheiro *sui generis* do consultório do analista"[6] constitui o pivô identificatório resolutivo do tratamento. E é verdade que o "olfativo é a única dimensão que permite reduzir a distância a zero, desta vez no real".[7] Na sessão analítica, conforme Bouvet, a imaginarização de restos e detalhes corporais do analista reina soberana, manifestando-se particularmente na fascinação pela imagem fálica.

Em Bouvet, a introjeção do falo reveste-se de todos os traços da comunhão religiosa. Uma vez perdida de vista a indifirença do objeto em jogo, é o corpo do analista que se oferece à consumação: "Este objeto indiferente é a substância do objeto, comei meu corpo, bebei meu sangue (a evocação profana é da autoria deles). O mistério da Redenção da análise está nesta efusão imaginária da qual o analista é a oblata".[8] Bouvet desconhece que não se "consome nada de real na análise" a não ser o nada, o vazio do objeto.[9]

O x do desejo ou a relação com o desejo do Outro

A primeira retificação proposta por Lacan visa reintroduzir a mola simbólica da transferência. Precisemos: o registro simbólico não está ausente em Bouvet, mas tende a reduzir-se à sua função puramente denotativa.

Em primeiro lugar, Lacan propõe diferençar a situação analítica de uma relação dual (a-i(a)), para situá-la no nível de uma primeira linha, a da demanda (A-s(A)). É preciso entender ainda que Lacan propõe um conceito da demanda que, longe de ser um simples modo de expressão do voto ou do almejo, é o modo princeps da relação do sujeito com o Outro, relação duplamente coagida pela alienação à linguagem e pela dependência originária do filhote de homem. Como Outro presente ao qual o sujeito se endereça, o analista suporta a figura do Outro da demanda. Pelo simples fato de ser instituído como Outro, ele tende a "fazer com que a linha da transferência e a linha da demanda se confundam". Disto decorre o julgamento radical de Lacan: "No princípio somos, portanto, nocivos".[10]

Lacan insiste nisto: não basta a ação abstencionista ou abstinente do analista para distinguir a linha da transferência daquela da sugestão. É preciso também considerar o que resiste a essa confusão: o espaço do desejo do Outro. De fato, o apelo ao Outro implica "fazer viver um Outro capaz de nos responder", no próprio lugar da fala. Ele reveste um ponto de opacidade do momento em que presentifica um Outro implicado, tal como o sujeito, na dialética do desejo. Há nele uma incógnita, nomeadamente o seu desejo, que se aloja entre o Outro lugar puro e simples do significante, e o Outro como ser de carne de quem depende a satisfação da demanda.

A crítica de Lacan assenta-se sobre a consideração dessa figura bífida do Outro. O analista tende a encarnar a parte sombra desse Outro vivente e falante. Sua presença adquire, assim, uma dimensão de real no coração do simbólico. O real do silêncio presentifica o x do desejo, uma incógnita enquanto tal heterogênea ao Outro do simbólico e, como tal, inarticulável. O sujeito será remetido aos significantes de sua demanda (o que Lacan escreve como S punção D) e, *in fine,* ao silêncio da pulsão.

O caso célebre de Bouvet, relatado em "Incidências terapêuticas da tomada de consciência da inveja do pênis na neurose obsessiva feminina"[11] é, no caso, precioso por exemplificar, ao contrário, a necessidade imperiosa de introduzir uma diferença entre a linha da demanda e a linha da transferência ordenando o lugar do desejo.

A tese de Bouvet nesse artigo é simples: "a tomada de consciência da inveja do pênis intervém de modo favorável na evolução dos fenômenos de transferência e facilita a flexibilidade do supereu feminino infantil".[12] A agressividade encontra sua fonte essencial na pulsão destrutiva inicial para com a mãe.

O caso: a paciente encontra-se em um estado de angústia extremo e sofre de obsessões de tema religioso — frases injuriosas ou escatológicas no instante em que deseja orar. O manejo da transferência é referido a um dom imaginário do falo. O analista permite a incorporação do falo, aqui estritamente identificado ao pênis imaginado do analista: "Este falo, absorva-o, diz ele em substância, (...) é o que deve lhe dar força e vigor, é alguma coisa que deve resolver suas dificuldades de obsessiva."[13]

Nesse tratamento em que o analista se oferece para ser "aquele que sabe, que compreende, que permite",[14] Bouvet invoca como sinal da realização genital o acesso à oblatividade, vale dizer, à reduplicação da fantasia do obsessivo de que "o Outro consinta com seu desejo". Isso faz Lacan dizer que: "uma parte do doutrinamento da análise é feita na linha e nos encaminhamentos dos votos obsessivos".[15]

Destaquemos nessa observação que as fantasias imaginárias de comunhão intervêm, mais freqüentemente, em seguida aos pensamentos agressivos.

O que Bouvet interpreta sempre no sentido de uma rivalidade fálica não revela nada mais do que a "angústia que o Outro inspira por não ser um semelhante".[16] Nesse sentido, a demanda de falo imaginário visa recalcar a questão do desejo do Outro. Ao ser rebatida sobre o *penisneid,* a relação com o falo permanecerá não elucidada. A questão essencial para o sujeito, porém negligenciada por Bouvet, é saber se ele é ou não o objeto do desejo da mãe, "com o que isso comporte, ou seja, deduzir o que é, mas desconhecido".

Um dos sinônimos da paciente de Bouvet convoca essa problemática. No lugar da hóstia, ela representa imaginativamente — Bouvet precisa que não se trata de alucinação — órgãos genitais masculinos. Ela substitui pelo Cristo como logos encarnado, o significante privilegiado que serve para designar o efeito do significante sobre o significado, a ferida que opera o conjunto do significante sobre a vida. Lacan retomará muitas vezes essa conjunção, em uma palavra, surrealista: é sempre ao nível do símbolo da encarnação do Verbo que a paciente faz aparecer o significante falo.

No fundo, o sintoma dessa paciente ilustra o movimento de inscrição do falo no Outro, modificando a natureza desse Outro. Esta é exatamente a problemática do obsessivo: dever admitir a presença do desejo no Outro, isto é, "fazer caminhar juntos o duplo status do Outro — o parceiro que fala e o parceiro como carne, como objeto de desejo".[17]

Presença real versus incorporação imaginária

Mostrar ao sujeito obsessivo sua relação com o falo não basta. Convém considerar a tomada do significante falo na transferência. Depois de alguns meses de análise, a paciente relata: "Sonhei que esmagava a cabeça do Cristo aos pontapés, e que esta cabeça parecia a sua", fantasia que ela associa à seguinte obsessão: "Toda manhã, para chegar ao meu trabalho eu passo por uma agência funerária, onde estão expostos quatro Cristos. Ao olhá-los, eu tenho a sensação de pisar nas varas deles. Experimento uma espécie de prazer agudo e de angústia."[18] A agressividade dirigida ao analista não o visa como portador do falo. Se ele está identificado ao falo, observa Lacan, é por encarnar neste momento da transferência o efeito do significante sobre o sujeito.

Alguns anos mais tarde, em seu seminário sobre a transferência, Lacan retomará o caso de Bouvet ressaltando a tentativa de "encarnação desejante" própria à neurose obsessiva; no fundo, trata-se de reduzir, quebrar a presença do desejo degradando o Outro para conduzi-lo ao nível de objeto ou de um outro instrumentalismo.

A agressividade apresenta-se aí sempre como agressão para com a "falofania" do Outro. Não a abolição do objeto do desejo, mas sim a rejeição do signo do desejo do Outro.

De fato, no pisotear a figura do Cristo, Lacan vê um insulto à presença real. O símbolo do que vem no lugar do significante faltante, F, tem de insuportável o fato de que, em sua forma desvelada, ele não é simplesmente signo e significante, mas sim presença do desejo como tal. Dito de outro modo: nada que seja significável diretamente: "É a presença real".[19] Por isso é que na neurose obsessiva o véu do falicismo é desdobrado a fim de mascarar a presença real que surge entre os significantes. É em referência explícita ao dogma católico e apostólico da eucaristia que Lacan nutre sua leitura da fenomenologia do obsessivo. Esse sacramento, não celebra, não figura: o corpo do Cristo, entre corpo glorioso e corpo místico é a presença realmente. A eucaristia deve sua eficácia precisamente ao fato de marcar seu mistério com um toque real, mais além da incorporação significante, mais além do que se consome.

Em resumo, no comentário do *Seminário 5*, a retificação proposta por Lacan no campo simbólico, chama o analista a operar a partir desse lugar (nomeado neste momento do ensino de Lacan, significante do Outro barrado, em relação com o significante fálico), que faz surgir a dimensão real da presença. Há um osso real para o amor de transferência, é a presença do analista. O corpo aqui não é o corpo da imagem, mas sim o corpo como pedra real nas redes do simbólico. Esta primeira retificação introduz, portanto, desde o início, um real sob as espécies de um x, que se deduz por subtração do simbólico. Ela é igualmente indicativa de uma lógica não toda significante que nos coloca sobre a via da parte propriamente real que deve encarnar o analista, em ligação com o *ab-sens* do sexo e a posta em ato da realidade sexual do inconsciente. A presença real versus a incorporação imaginária não será portanto a última palavra do ensino de Lacan sobre a presença do analista. Ele dará a este x um outro status para fazer dele um operador no tratamento e não mais um resto: a resistência apresentada pelo analista como semblante de objeto.

Grande metáfora e pequena metonímia: a sessão hoje

Assim, Lacan realizou uma primeira retificação reivindicada procedente da "grande metáfora", notavelmente desdobrada ao longo desse seminário. Quanto a Bouvet, ele desconhece o significante do falo como significado do desejo da mãe: ao reduzir o falo a um objeto imaginário, ao fazer dele um objeto de troca, ele induz sua paciente a um *acting-out* quando esta lhe encaminha seu filho, ou seja, segundo a interpretação de Lacan "o feitiço vira contra o feiticeiro". Sem dúvida que um certo desajuste no nível da identificação com o falo foi obtido: "na verdade, não se passou nada além dessa revelação do desejo de pênis, e do sentido desse desejo".[20]

Lacan dirá que o analista tornou-o legítimo. Mas Bouvet permanece com dificuldades para apreender o falo como operador da troca, ou seja o falo como significante. O *acting-out* revela que o falo circula, mas no imaginário, como objeto (aí entendido em sua valência concreta). Ora, é sob a condição de deixar vazio o lugar do falo, para que ele se torne o significante da falta, que a paciente será suscetível de fazer uso dele.

A crítica de Lacan está plena de seu esforço para avançar uma lógica metafórica: o falo substituído pelo logos encarnado é a imagem da grande metáfora. Contudo, ela abre a via de uma outra perspectiva, no capítulo que Jacques-Alain Miller intitulou "Uma saída pelo sintoma". Lacan destaca ali que o sujeito não está de modo algum desembaraçado de suas obsessões, mas apenas da culpa confinante. Ele se detém, em particular, no fato de que os sintomas de profanação persistem e, notadamente, as obsessões verbais tais como as blasfêmias. De acordo com a "pequena teoria" que ele propõe, a blasfêmia faz decair um significante eminente em relação ao Pai, ao nível de objeto: "ele, de algum modo, identifica o logos ao seu efeito metonímico, ele o faz cair um nível".[21] Assim, Lacan distingue, por um lado, a invocação de um Outro e, por outro, esse efeito decaído do significante, efeito metonímico ao qual o sacrilégio tende a reduzi-lo. Na blasfêmia é o objeto voz que está ali, pronto a fulgurar. Os obsessivos se dedicam a fazer calar a voz, como objeto indizível, a irrupção da pura obscenidade sem nome.[22] A blasfêmia faz surgir a voz que toma a dianteira, enquanto o insulto a indexa imediatamente.

De modo mais lateral, Lacan parece, assim, proceder a uma segunda retificação, menos flamejante do que a correção pelo simbólico. Embora minimize seu alcance, ele esboça, através de sucessivos toques, um contraponto à lógica da metáfora da qual parece traçar os contornos principalmente em seu comentário sobre o *Witz* "familionário".

Lacan insiste nisso, o essencial reside no efeito de sentido produzido pela substituição significante em que se instaura o ato da metáfora. Porém, de modo heterogêneo à visada do sentido irônico e satírico, ele destaca "nas repercussões do fenômeno", a queda de um objeto novo: o "familionário" — a ser inscrito, antes, do lado do não sentido — é a derrisão do milionário, do milionário de Hirsch Hyacinthe. Este objeto que o possui mais do que é possuido por ele, tende a encarnar-se no *fat-milionário* (o *Millionnarr* de Heine), personagem derrisório e absurdo, de algum modo um ser verbal, conforme a palavra de Lacan, pronto a se animar. A substituição significante tem como efeito produzir um sentido novo, mas acarreta igualmente o surgimento da coisa metonímica com todas as decomposições significantes, brilhos, respingos de lama que pululam em torno de *familionário:* fames, fama, infâmia, *fat-milionário* etc. Ainda que valorizando o efeito metafórico, Lacan cuida de demarcar a emergência da coisa metonímica que só se captura por contigüidade, a partir de seus restos. Em outros termos, há o que é recalcado e há a experiência de gozo. É a dor e o ódio acumulados por Heine para com o tio que o impedira de casar-se com sua prima, que vibram no neologismo *familionário.* A invenção significante transporta para sempre esta experiência de gozo, a letra (o *t* de *fat-milionário)* permitindo indexá-la, dar-lhe lastro a favor de um tratamento por contigüidade, solução não metafórica que faz surgir no *fat-milionário* o parceiro de gozo. Quedas de sentido, respingos, desconstruções do significante "constituem seu esplendor, seu peso",[23] em outros termos, seu valor de gozo, se seguirmos a oposição, o sentido e o valor proposto aqui por Lacan. Mesmo que procedendo do significante, os restos do objeto não se reduzem a ele.

A tese de Lacan: "Cada vez que temos de haver-nos com uma formação do inconsciente, devemos sistematicamente buscar o que chamei de restos do objeto metonímico"[24] esboça, para a sessão de hoje, mais uma interrogação sobre a questão presença do analista do que uma antecipação. Não basta pensar a lógica metafórica da presença; deve-se interrogar ainda se este ponto de vista da presença satura o que a psicanálise é hoje. Em um sentido, Lacan abre aqui uma perspectiva suscetível de dirigir nossa atenção para uma outra lógica que obedece à metonímia do gozo,[25] lógica própria à cifração do inconsciente e também ao modo de gozar do inconsciente.

Se a elaboração da transferência em Freud responde a uma dupla determinação do desejo histérico e do desejo de Freud, a neurose obsessiva é aqui novamente homenageada por permitir interrogar a "pequena metonímia" como condicionando a grande metáfora, uma causalidade metonímica segundo uma expressão de Jacques-Alain Miller.

A SOBREVIVÊNCIA DO ANALISTA

Massimo Recalcati

"A coisa essencial é o sobreviver do analista"
D.W. Winnicott

Da parte do analista

O que acontece de essencial em uma sessão analítica? Tento interrogar a questão do lado do analista: o que acontece de essencial numa sessão analítica da parte do analista? Questão decisiva se pensarmos que os mais recentes desenvolvimentos da assim chamada psicanálise pós-freudiana tendem a dilatar o tempo da sessão, no sentido que o analista torna-se objeto de uma espécie de tempo suplementar (faltoso) da elaboração do analisante. Daí até o extremo da vaporização do "caso clínico", reduzido às fantasias, aos sonhos, às impressões mais diversas que este suscita na mente do analista.[1] O analista, assim, se constitui como um tipo de "duplo analisante", através do analisante. É isto que, mais sutilmente, se teoriza referindo-se ao conceito de "campo" que reduz a sessão analítica a um movimento indiferenciado de vetores, correntes, tensões, onde a assimetria da relação analítica se despedaça numa homogeneidade imaginária.[2]

Se Lacan introduziu a prática da sessão com tempo variável para dilatar o mais possível o tempo de trabalho do sujeito — ou sua constituição como analisante —, o que assistimos atualmente é mais uma dilatação ao avesso do tempo da sessão que, como dizer, prossegue indefinidamente na, assim chamada, "mente" do analista. A manutenção do tempo standard e a exigência de conservar a formalidade do setting, produziu como efeito sintomático — retorno do recalcado — a imaginarização do tempo da sessão, que chega a coincidir com o tempo mesmo da vida do analista.

Estar vivo, estar bem, estar acordado

Ao contrário destas representações do trabalho do analista, Winnicott assim define a experiência cotidiana da prática da psicanálise: "quando desenvolvo uma análise viso estar vivo, estar bem, estar acordado".[3]

Trata-se, como se pode observar, de uma redução ao mínimo da função do analista. Estar bem e estar acordado são, neste caso, declinações secundárias do "estar vivo". São expressões de uma vitalidade mínima, que deve ser assegurada. O "estar vivo" é, de fato, a condição mínima que o analista deve poder garantir durante o decorrer da sessão.

O que acontece, então, de essencial numa sessão analítica do lado do analista? O essencial em cada sessão, afirma Winnicott, não é nem o compreender, nem o interpretar, nem é para ser pesquisado na dimensão do fazer; o essencial é o sobreviver do analista.[4] Para reduzir ao osso, é isto que está em jogo e que se renova a cada sessão no decorrer de uma análise.

A sobrevivência do analista à qual alude Winnicott, não deve ser tomada como expressão de uma resistência do analista e nem como resposta imaginária "contratransferencial" do analista aos ataques agressivos do paciente. Ao contrário. Na perspectiva de Winnicott, o analista é animado por uma generosidade paradoxal (cuja tradução, na dita oblatividade afetiva, não dá plena razão a seu sentido): este se oferece, se decide, como objeto a ser destruído, com a finalidade de mostrar ao sujeito que a intenção agressiva que o anima, não chegará jamais a reduzir a alteridade própria do objeto. Em termos lacanianos, a sobrevivência do analista não é um fato de tática, mas de estratégia: concerne, na perspectiva de Winnicott, à posição do analista na transferência como decisiva para produzir a operação de separação ou de constituição do objeto como destacado da série de identificações, dos "mecanismos mentais projetivos" do sujeito.[5]

Sobreviver ao ódio

Winnicott e Lacan compartilham a idéia que a tríade frustração — regressão — agressividade seja insuficiente para entender o ódio como "paixão do ser". Para ambos, o ódio não pode reduzir-se a um efeito da frustração ou à reação subjetiva ao encontro-desencontro com o princípio de realidade.[6] Para Lacan, no início de seu ensino, significava a recondução da agressividade à matriz do estádio do espelho e às suas vicissitudes — portanto, a um tempo constitutivo do ser do sujeito —, enquanto a hipótese de Winnicott consistia em conceber o estímulo à destruição como aquilo que é capaz de constituir a "qualidade de exterioridade" do objeto. O que se entende com a expressão "qualidade de exterioridade"?[7]

Winnicott elabora uma teoria do objeto que valoriza a declinação simbólica do ódio. O ódio é aqui irredutível à agressividade imaginária porque está situado como fundamento da realidade mesma. É esta a característica simbólica da *Austossung* de Freud: movimento de expulsão, de exteriorização, de repulsa original do sujeito — organismo, que institui no nível do corpo o recalque originário como princípio de constituição da realidade. Winnicott retoma a seu modo a indicação de Freud: "a minha tese é que a destruição tem um papel na constituição da realidade, colocando o objeto fora do ser".[8] Para poder usar o objeto (ou para encontrar o objeto nos modos possíveis do desejo, do amor e do gozo), é necessário primeiro destruí-lo. É a destruição que gera a possibilidade do uso. A condição para uso do objeto, é que tenha sua própria exterioridade ou que seja irredutível às projeções imaginárias do sujeito. Para Winnicott, a exterioridade do objeto deriva da destruição, é um produto simbólico do ódio. Trata-se da gênese de um "objeto objetivo", não no sentido da objetividade da natureza, mas da objetividade como expressão de uma alteridade. A condição crucial que torna possível a passagem da relação imaginária com o objeto à sua possibilidade de uso, através da destruição, é a sobrevivência do objeto. Somente se o objeto sobrevive, é que revela sua exterioridade em relação às projeções imaginárias (agressão, revolta, erotização).

A sobrevivência do analista se oferece como suporte do objeto irredutível ao jogo imaginário da agressividade e da erotização. A sobrevivência é marcada pelo resíduo, cada vez, sessão após sessão, do analista além da porta. É índice de uma consistência real do analista: "como faz o analista para sobreviver?". Esta é uma questão sobre o desejo do analista que se escuta em sessão com bastante freqüência .

É o que a transferência psicótica coloca bem em realce. Uma paciente psicótica apresentou um acesso de ira durante uma sessão: o que tentava era tratar o caráter persecutório e invasivo da voz imperativa que a atormentava, exteriorizando-a. Através de uma passagem ao ato verbal, tentava separar-se da voz. Assim, os insultos e as ameaças que a voz lhe dirigia eram agora dirigidos ao seu analista. Ponto dramático e de impasse do tratamento, que, por outro lado, indicava a direção do trabalho do sujeito: deixar a voz para o analista, exteriorizar o seu objeto (a). A reabsorção progressiva deste excesso de imaginário, pela colocação em função de uma outra modalidade de tratamento da voz, levou-a a preocupar-se — como diria Winnicott — comigo, a perguntar-me, ao final de cada sessão, se posso manter sua voz comigo sem ser prejudicado. "O senhor conseguirá tê-la consigo, não é verdade, doutor?". É a motivação que a acompanha ao término de cada sessão.[9]

A sobrevivência do analista na transferência psicótica, deve, de fato, poder ser verificada sessão após sessão. Na clínica da neurose o princípio da sobrevivência do analista, é, ao contrário, o que alarma o obsessivo e o que causa o desejo da histérica; no primeiro caso, dá lugar à idealização da mortificação significante, enquanto no segundo custodia o enigma da vitalidade do desejo. Enfim, na perversão, a sobrevivência do analista indica a exterioridade do analista em relação às tentativas transferenciais do sujeito perverso de incluí-lo na cena onde se consuma o seu gozo. A anoréxica pode, às vezes, constituir uma versão particular desta estratégia: tenta inverter a exterioridade do objeto, ao incutir no analista a angústia sobre a sua — dela mesma — sobrevivência. É o seu modo, para dizê-lo em termos winnicottianos, de destruir o objeto: fazer-se objeto de angústia para o Outro. Aqui, a necessidade do analista sobreviver à angústia, para que haja a sobrevivência efetiva do sujeito.

Cadaverização e sobrevivência

O objeto que o analista encarna — é a tese fundamental de Winnicott — deve "poder sempre ser destruído".[10] Destruído cada vez, porém cada vez encontrado como sobrevivente. A sessão analítica é o encontro com este estímulo à destruição e com este "mais-de-vida" residual (indestrutível como o desejo freudiano) do analista. A tese da sobrevivência do analista excede o quadro clássico do analista winnicottiano, como suporte, continente, função de holding. Esta, ao contrário, coloca em relevo o que Lacan define como o "nó inaugural do drama analítico",[11] ou a transferência negativa.

O analista mobiliza a transferência negativa enquanto "x" perturbador do equilíbrio egossintônico do sintoma. A transferência negativa está em relação direta com o ser do analista e não com o saber. O ser do analista em sua exterioridade — assegurada pelo "mais-de-vida" de sua sobrevivência — suscita hostilidades enquanto "sede da alienação" do sujeito.[12]

Portanto, se o amor, no movimento simbólico da transferência, se endereça ao saber, a paixão do ódio investe o ser. O analista poderá, então, funcionar não tanto como sujeito suposto saber, mas como sujeito suposto sobreviver.

Manter um "mais-de-vida" em relação à paixão do ódio é o que lança Winnicott ao limite extremo de autorizar o próprio analista ao ódio. Pois, se o analista odeia, pode mostrar o sinal de sua vitalidade, de seu ser inassimilável ao objeto destruído, de seu encontrar-se "fora da área dos fenômenos subjetivos (imaginários)".[13] Somente se o analista — como "mãe suficientemente boa" em relação a seu filho — reconhece o próprio ódio, pode garantir a sobrevivência ao analisante. O fato mesmo que cada sessão tenha um final, indica para Winnicott, o modo de exprimir o ódio da parte do analista.[14]

Formulação evidentemente paradoxal, mas interessante, pois recolhe no final da sessão não tanto a escansão significante, segundo as indicações fornecidas por Lacan em "Função e campo", mas o encontro com um real excêntrico ao sentido. A referência de Winnicott ao ódio do analista, deve ser tomada como manifestação de uma alteridade irredutível às projeções imaginárias. O final da sessão — tanto mais na prática lacaniana da sessão de tempo variável — manifesta a ingovernabilidade do objeto, o encontro contingente com a necessidade de estrutura. A sobrevivência do analista é algo que se encarna no corpo do analista, mas também é um fato de estrutura: é o que torna possível o encontro do sujeito com o real da pulsão de morte, pois, como escreve Freud, a pulsão de morte é aquela parte da pulsão que não se exterioriza no movimento de negação, de destruição do outro, mas reside no sujeito, permanece próxima ao sujeito.[15]

A tese winnicottiana da sobrevivência do analista como o mais essencial da sessão analítica, parece contradizer a definição lacaniana da posição do analista como posição cadaverizada.

Mas, quando Lacan precisamente insiste na dimensão ascética da posição do analista — sobre a necessidade de sua cadaverização — sustenta algo muito diferente da idéia do analista como "sobrevivente"? Como condição e resto de uma operação de separação? Qual a relação entre a sobrevivência do analista e a sua cadaverização?

A cadaverização marca com precisão a exigência de uma redução ao mínimo da presença (imaginária) do analista, que se encarna num movimento de ascese progressiva. Porém, o analista cadaverizado é, efetivamente, o analista que sobrevive. No sentido que o analista, em cada sessão, sobrevive à sua própria cadaverização. A cadaverização não deve jamais anular o " mais-de-vida" que concerne ao real do analista, cuja tarefa essencial permanece aquela de não se identificar ao morto, mas de sobreviver, de fato, ao princípio mesmo de cadaverização que a estrutura do dispositivo exige.

PRESENÇA DE UM DESEJO

Graciela Esperanza

"Que fazem vocês aqui?" Esta pergunta, destinada aos psicanalistas, é, segundo afirma Lacan, em sua Conferência em Genebra,[1] a que o acompanha, desde o seu começo na psicanálise.

Esta interpelação ao que para fazer do psicanalista — à eficácia de sua prática —, que é ética, orienta-se hoje para a sessão analítica, para caracterizar sua estrutura, para que a interrogação sobre as conseqüências da psicanálise se mantenham. Isto é congruente com um movimento que se sustenta em uma orientação.

A partir daí, é possível uma aproximação com a problemática da sessão; produzir sua exterioridade a partir do que se articula em seu interior.

A sessão analítica como um encontro.

Em primeiro lugar, uma sessão analítica é cada um dos encontros — unidades temporais —[2] que, conformando uma série, se produzem no transcurso de uma análise, entre um psicanalisante e um psicanalista; realizam-se em um tempo e lugar determinados, segundo regras mínimas estabelecidas, longe de qualquer dogmatismo- a laicização mais completa possível do pacto —,[3] para que se assegure que a psicanálise não seja uma experiência mística, uma iniciação ou uma efusão comunicativa.[4]

Em segundo lugar, estes encontros se apresentam despojados de qualquer preparação ou concentração prévia, em uma disposição a mais livre possível, com o fim de não perturbar o exercício da regra fundamental. É desejável que se inscrevam em um empreendimento cujo pressuposto dominante é o que Lacan chama um *matter of fact.*[5]

Em terceiro lugar, a sessão analítica se sustenta em um paradoxo inelidível: a presença obrigatória real convocada para o encontro, sem a qual a sessão analítica não teria corpo; deve submeter-se, com rigor, ao único meio que lhe é próprio, isto é, a palavra. Exclui-se o corpo de toda e qualquer satisfação. O laço "a dois", que se institui no Autômaton serial das sessões, marca a impossiblidade da relação sexual.

Em quarto lugar, a sessão analítica sustenta outro deslocamento além do corpo e da palavra, o que corresponde à separação do ser e do pensar.[6]

Em quinto lugar, a sessão analítica é o artifício da psicanálise para dar lugar àquilo que o discurso analítico põe em jogo: que se apresente na palavra, para seu tratamento, o efeito maior do campo da linguagem, o gozo.

A sessão analítica e o inconsciente

A sessão analítica concerne à Outra cena, à cena inconsciente que se apresenta como suporte de uma realidade da sessão (entendo assim a expressão de Lacan, *matter of fact*), é o inconsciente que responde, no lugar do Outro, e não o analista, o que equivale estabelecer a suposição de um sujeito ao saber inconsciente. A transferência faz seu trabalho, impelindo os ditos do analisante para a significação do inconsciente.[7]

O significante da transferência, ao comportar a assim chamada significação do inconsciente, oferece à análise a metonímia transferencial.[8] O inconsciente faz seu trabalho nos ditos do analisante: restitui, equivocadamente, sua leitura, sua interpretação e seus tropeços, restitui a equivocação essencial do sujeito: o amor.

A análise dá conta, em seu início, da conexão inconsciente-transferência, e daquilo que o inconsciente, por sua equivocação, está destinado a desmentir: o sujeito suposto saber.[9] Dadas as condições do trabalho interpretativo do inconsciente em transferência, é necessário ajustar a lógica da sessão analítica, para que esta não se infinitize, como réplica do inconsciente.

Pelo contrário, deve ajustar-se para que sirva de suporte à experiência da análise, para que se realize, nela, a passagem do enodamento inconsciente-transferência ao enodamento inconsciente-sintoma, passagem que vai do sentido do sintoma à sua ex-sistência real.

O *vel* exclusivo que Jacques-Alain Miller desdobra em *Entonces*: "Sssh..." marca, de forma decisiva, a orientação: "Ou a sessão analítica é uma unidade semântica, na qual S2 vem fazer pontuação à elaboração — delírio a serviço do Nome-do-Pai — ... ou a sessão analítica é uma unidade assemântica, que conduz o sujeito à opacidade de seu gozo."

Esse "Ou... ou..." pode-se ler como: Ou inconsciente... ou discurso analítico. Ou Nome-do-Pai... ou abertura à sua pluralização.

A sessão analítica e a pulsão

Admitido o "Ou... ou..." como uma escolha forçada, caracterizarei a sessão analítica como uma ocasião a produzir.

A sessão analítica é redução.

A sessão analítica, como redução, é antilingüística.[10]

A ficção que a associação livre introduz constitui o marco adequado para o desenvolvimento do poder semântico da palavra. A regra fundamental da análise se faz cúmplice desse poder, ao dar lugar a um "isso quer dizer mais além do que diz", desarticulando o par significante-significado. Essa desarticulação, ao mesmo tempo em que desfaz as significações univocamente estabelecidas, desata a fuga de sentido. Assim, o poder que o semântico confere à palavra faz com que esta esteja aberta a todos os sentidos.

Ferir esta cumplicidade é forçar a palavra até uma direção diferente. tanto em relação à fixidez da significação como da eternização na busca de sentido, cuja essência é estar sempre em fuga.

Dimensão antilingüística da sessão analítica, porquanto o analista objeto a amplificação significante, ao operar sua redução,[11] impelindo *à* perda dessa significação inconsciente, que, como tal, indetermina o sujeito.

A sessão analítica é costura

A sessão analítica como costura é lógica.[12]

A operação redução, ao incidir na significação, possibilita outra função da palavra, o que nela ressoa. A ressonância da palavra na palavra, é o que a palavra tem, para fazer ouvir algo distinto do que significa, para fazer ouvir outra coisa naquilo que diz. Ocasião para que precipite uma experiência, na qual o universal da linguagem se revela como falha.

Na ressonância da palavra, naquilo que ela não diz, e mais além do que quer dizer, naquilo que deixa ouvir, aí, nessa costura, devemos retirar a opacidade de que consiste o gozo.

Essa costura, entre aquilo que, ao deixar de significar, se satisfaz, é solidária para o analista de uma lógica que articula duas dimensões heterogêneas: a do inconsciente, como fracasso da significação, e a parte da pulsão que sempre se satisfaz, mais além da significação fantasmática.

Entre essas duas dimensões heterogêneas, constitui-se o lugar que o analista está chamado a ocupar, desdobrado entre ser suporte de uma presença enigmática[13] e corte a realizar. Localizo aí, nessa costura heterogênea, entre corpo e traço, "nessa tensão entre a palavra e o objeto",[14] a necessidade lógica do "corte em *a*" da sessão, que aponta para o próximo ponto.

A sessão analítica é corte

A sessão analítica como corte é topológica.[15]

"Dar preferência ao inconsciente pode fazer com que todos dêem um jeito melhor em suas vidas",[16] mas isto é essencialmente diferente do que se deve esperar de uma psicanálise: aqui, o corte de que se trata, em cada caso, torna-se decisivo.

Lacan ensina que a função desejo do analista não consiste em saber cortar algumas figuras. Não é só saber cortar; é necessário que o corte seja bom, já que tudo no campo da análise depende da eficácia do bom corte: "aquele que sabe abrir, com um par de tesouras, o objeto "a" de modo adequado, este é o senhor do desejo.[17] Desejo do analista que corta, mas que, por sua vez, é engendrado pelo próprio corte.

- Que é um bom corte?

Um bom corte é topológico porque é antilingüístico, trabalha com conexão com outros significantes, mas detendo essa conexão, desabitando a linguagem de significação, tornando o significante a-semântico, mas não só, já que, por vir a ser traço, literaliza o litoral.[18]

Um bom corte é aquele que, ao cortar, indica e separa o heterogêneo de uma significação sempre em fracasso, menos phi, e uma satisfação sempre presente, a. Um bom corte marca o aparecimento do desejo do analista como "um desejo de desnudar o gozo do sujeito",[19] e isto faz, de um encontro entre um psicanalisante e um psicanalista, uma sessão analítica. O corte põe termo à sessão, cortando-a.

- corte que realiza a costura descosendo-a indica, não um sujeito como efeito afanisíaco de entre-dois significantes, mas um sujeito que se divide, em ato, entre o que diz e o que ouve, um sujeito dividido por um traço que, ao efetuar-se, o divide, cessa de não escrever-se. Isto conduz ao último ponto.

A sessão analítica é feminina

É feminina "porque do Um, não sendo senão uma",[20] e, como tal, é excepcional. Participa do Um enquanto é encontro repetido com o inconsciente em transferência, mas também poderá contar-se como uma se, sempre que possível, der lugar àquilo que, em cada analisante, enquanto fala-ser, resiste a ser renunciado.

Cada sessão, assim produzida, estará feita do encontro entre aquilo que se diz e aquilo que não se esperava encontrar.

Encontro contingente, que dispõe, com o corte, de uma temporalização inédita, um depois que constitui um antes, já segundo, e que não poderá ser lido senão no a posteriori do tratamento, enquanto impele à transmissão: que haja outra sessão.

Em suma, uma sessão analítica não poderia ser standard, a não ser desconhecendo-se como acontecimento orientado, desde o real, em direção ao real. Em cada sessão, a redução, a costura, o corte e sua conseqüência, o desejo do analista, sustentam sua efetivação como uma...

O Desejo do Analista

Guillermo Cavallero

A conceitualização do Desejo do Analista realizada por Lacan, surge como efeito de seu ensino, produto de sua clínica e se constitui em um orientador de sua política.

As disputas com a IPA sobre as sessões breves que rompem com o standard, são efeito do encontro de Lacan com o real em jogo na experiência, que o leva ao objeto e ao Desejo do Analista, em relação à formação. Não se trata portanto de uma disputa sobre técnica, senão da psicanálise mesmo.

Então a localização do Desejo do Analista possui uma implicação fundamental no que diz respeito à sua formação e põe em xeque toda tentativa de velamento do real pelo Nome do Pai. Nesse sentido a aposta de Lacan obteve ressonâncias na tríade (logo posta em forma por J.-A. Miller), "clínica, ciência, política" da psicanálise, que desembocam na excomunhão, depois em sua proposição de 67 sobre a Escola do cartel e do passe, e no "Discurso da EFP". Enquanto essa aposta está orientada pelo real da psicanálise, suas ressonâncias na dita tríade são sempre atuais.

Sua relação com a formação o introduz assim, pois, como uma função da experiência analítica que tem uma incidência dupla; sobre o analisante, porém também sobre o analista, posto que o Desejo do Analista funciona cada vez "contrariamente ao gozo do sujeito que tenta encarnar a função analista".[1]

O Desejo do Analista funda a experiência. Sua função com respeito à sessão é a de estabelecê-la, estruturá-la, mais do que a de um operador sobre ela. A sessão é um elemento interno da análise e só pode ser pensado como um tapume para a transferência.

Essa função estabelece e participa dos elementos da estrutura, com os quais "o sujeito se vai dizendo na análise";[2] por exemplo, abertura e fechamento do inconsciente. Sua operação aponta para fazer emergir o sujeito em relação ao real, nos lugares de tropeço das ditas voltas do analisante, para produzir uma escritura, introduzindo "algo que vai mais longe que o inconsciente".[3] O Desejo do Analista como um operador da sessão, inclusive no sentido de uma técnica, está subordinado a uma relação íntima entre o Desejo do Analista e a estrutura. É esta relação que faz do Eu função. Esta função, que é suporte da operação pela qual a demanda se articula à pulsão, "isola o objeto *a*, situando-o na maior distância possível do ideal";[4] responde ao fato de estrutura, pelo qual o ideal não pode chegar jamais a velar por completo o real do objeto. O Desejo do Analista é cada vez "o desejo de não ser o pai, de não aniquilar a diferença".[5] É nesse sentido que podemos dizer que é função e suporta as operações de uma análise que apontam para o real da experiência.

Que isso se produza a partir da função Desejo do Analista, nos tropeços das ditas voltas, implica que essa produção não ocorre sem a série de todas as sessões, onde cada sessão precedente possibilita a consistência da dita produção, em um dado momento. Seguindo o exemplo que J.-A. Miller desenvolve em diversos textos, podemos dizer que não se pode escrever o ETC, de uma série de sinônimos de entrada; é necessário cada um dos elementos precedentes para que o ETC tome consistência.

A estrutura da sessão

A estrutura da sessão se corresponde com a do inconsciente, a qual se põe em forma na entrada da análise via o Desejo do Analista, que o funda. A função pulsativa do inconsciente supõe os tempos de abertura e fechamento, os tempos lógicos de alienação e separação, que mostram sua relação com o real da pulsão, vínculo a um mais além do inconsciente.

Essa estrutura temporal lógica, correlata da estrutura da sessão, é colocada em jogo pela função Desejo do Analista. Dita função aponta para manter aberta a hiância que empalma o real. Isto supõe uma operação que, no horizonte, consiga extrair um elemento que já não possa enlaçar-se de novo ao sentido fixado e, portanto, surja como real. Quer dizer, que mostre que a fixação de sentido na fantasia não é destino fixo para a pulsão. Nesta perspectiva "não é que o sujeito se libere das pulsões, senão que as pulsões se liberam de um percurso fixado".[6]

A estrutura temporal da sessão está ligada portanto à relação Desejo do Analista e pulsão. Isto desloca a questão cronométrica do tempo da sessão, pondo em relevo a correspondência tempo-abertura-fechamento-pulsão, em que a suspensão da sessão, "ligada à trama do discurso, desempenha no Eu um papel de escansão que tem todo o valor de uma intervenção para precipitar os momentos concludentes".[7] Quer dizer que a escansão determina o tempo de finitude da sessão.

O ponto de conclusão situado a partir da trama do discurso, implica que o tempo se articula em cada caso ao tempo da análise, à problemática transferencial. "O tempo da sessão é o Desejo do Analista",[8] enquanto que é essa função que localiza o ponto de corte, que só a posteriori se verificará como breve e variável. Assim se conclui que o tempo da sessão é real, não só que o Desejo do Analista aponta para o real, senão que enquanto eximido do mensurável é real. Por esta vertente a estrutura da sessão se exclui do cerimonial, enquanto que ligada ao real, mas não "do conjunto de regras que determina a execução de uma experiência", "uma experiência da qual se pode esperar o acesso a um real, passar do protocolo cerimonial ao protocolo da experiência".[9]

As operações na sessão

O Desejo do Analista como operador, subordinado à sua relação de função da estrutura, é posto em jogo a cada sessão por distintas vias: interpretação, corte, silêncio, forçamento etc. A estas formas de operação, localizo-as em série por seu caráter assemântico e por apontar a causa da divisão do sujeito. Como exemplo, situo duas dessas operações.

A operação corte se especifica como de duplo corte, enquanto localiza no mesmo movimento o furo ligado à demanda e ao desejo. Em cada sessão se aponta o lugar onde o significante não remete ao sentido buscado na demanda. Aí se verifica um dizer que apresenta o irredutível da relação do sujeito à linguagem. Fica assim convocada a causa, levando a pulsão à demanda, separadas pela transferência.

A outra operação é a de forçamento. Operação de cada sessão, já que "é pelo forçamento que um psicanalista pode fazer soar outra coisa que o sentido".[10]

O Desejo do Analista força outra dimensão por onde se pode tomar distância do adormentador de todo discurso. Um discurso não adormece quando não se compreende.

"O despertar, é o real sob o seu aspecto de impossível que não se escreve senão pela força",[11] relação então entre o forçamento e o que se escreve.

Abro um parêntesis com uma vinheta clínica: uma mulher que quando menina foi abandonada por seu pai faz girar sua vida em torno da espera de um homem que não a deixe. As voltas de seus ditos vão situando, cada vez, uma demanda que vai se perfilando sempre com o mesmo sentido. "Eu espero e o outro me caga."

Sessão após sessão, fazê-la esperar, às vezes contingentemente e outras não, para entrar no consultório, introduz o analista na série e permite o desdobramento de sua demanda e seus pontos de inconsistência. O corte de sessão nesses pontos e o silêncio como resposta vão aspirando a cada vez o sentido, o qual é um forçamento, porque é uma "contranatureza"[12] com respeito ao sentido, que sempre se propõe ao significante. Essa operação que dura cerca de três anos, desemboca em uma recordação infantil, de seus três anos, quando seu pai ainda vivia com ela e sua mãe: chamar e esperar prazerosamente sua mãe no banho enquanto fazia suas necessidades.

A localização dessa satisfação ligada à espera desloca o sentido e destaca o gozo que ela obtém nesse acionar. Na série de sessões produz-se assim, com um corte que tapa a demanda e o desejo, uma redução que vai anulando o sentido, começa a localizar e a tomar distância do gozo de seu fantasma e permite que tome consistência um elemento que sustentava todos os sentidos da demanda, concluindo, dessa redução, a separação dos mesmos. Em ambas as operações, como em qualquer da série de operações que se realizam na experiência de uma análise, não se trata de técnica. Não é que não haja, senão que essas operações se suportam desse desejo inédito que implica que para ser causa do desejo do analisante, "o analista deve fechar o seu próprio inconsciente".[13]

Desse dito pode-se depreender a articulação íntima entre as operações da sessão e a estrutura da mesma. Esta redução precipita um terceiro ponto.

Os produtos da sessão

É a partir da articulação entre os operadores da sessão e sua estrutura, que podemos dizer que o produto da sessão é alcançar um efeito ligado à experiência do real. Trata-se de alcançar o sintoma como real, que corresponde a obter um destino para a pulsão que não seja fixado à fantasia. Este é o horizonte, e ainda que o momento de concluir se alcance em uma sessão, esse produto não se dá sem as sessões precedentes.

Vou situar dois modos de nomear esse produto alcançado como experiência do real. Em primeiro lugar o escrito. O real é aquilo do que não há idéia, salvo a que se obtém via a escritura, por "este traço de escrito",[14] posto que se escreve por se estar por fora dos efeitos de sentido. Esse escrito surge da operação de forçamento, pela qual procede o Desejo do Analista, enquanto isola o real do gozo por forçar um fora de sentido. Lacan põe o acento "sobre o Desejo do Analista como um operador que pode dar-se conta da pendência das palavras para seu analisante, o qual ignora".[15] Esta operação que é de corte torna-se escritura. "O analista, ele sanja, o que diz é corte, quer dizer que participa da escritura", "nem o que diz o analisante, nem o que diz o analista, há outra coisa que escritura".[16] Em cada sessão, a partir da pendência das palavras do analisante, pelo equívoco, produz-se escritura.

É o forçamento de uma prática sem valor que faz emergir a letra que se especifica por escrever-se, por não ter nenhum efeito de sentido. "A escritura é o que vem quando não há mais representação possível".[17]

Outro produto da sessão é a redução. Tomar a mesma como produto é sublinhar que "a psicanálise é uma operação de redução".[18] Porém o alcançado não é um mero modo minimalista de dizer algo, não é só a tradução a um denominador comum, senão que essa "redução permite dizer que se alcança o sintoma como real".[19]

Há uma equivalência entre a redução alcançada e sintoma como real, posto que esse elemento, que em um momento anterior pode ser um denominador comum que explica toda a novela, ao ser separado do sentido, separa-se então da mesma. A redução é o produto que surge ao ficar por fora do sentido, possibilitando-se aí a abertura a outra dimensão, nova, ligada ao desejo inédito que surge ao final de uma análise.

O Espaço de um Batimento

Sérgio Laia

Muitos psicanalistas de língua inglesa, segundo Lacan, sustentavam que "toda análise deve se desenrolar no *hic et nunc*", ou seja, "tudo se passaria em um estreito laço com as intenções do sujeito, aqui e agora, na sessão".[1] Nessa perspectiva, a sessão analítica, em sua referência ao *hic*, seria, ela mesma, espaço — designado como "aqui" e, em sua referência ao *nunc*, é tempo — nomeado enquanto "agora". Lacan, porém, desde o início de seu ensino, vai questionar, justamente, a limitação que essa perspectiva fazia incidir sobre as dimensões corporais que se impõem à sessão analítica.

Na análise, guiada pelo imediato próprio ao "aqui e agora", o corpo do analista era concebido como uma espécie de tela, em que o analisando projetava uma série de outros corpos. Cabia ao analista, graças às suas intervenções, desfazer a ilusão pela qual o paciente, em cada projeção, esconderia de si próprio a realidade. Por isso, não sem humor, Lacan vai afirmar que, no contexto de uma tal concepção de tratamento — característica de toda uma parte da escola inglesa —, "o sujeito pode muito bem se descrever às voltas com o dono da mercearia ou com seu cabeleireiro", porém, "na realidade, ele se volta contra a personagem a quem ele se endereça, isto é, o analista".[1]

De um jogo especular

Lacan, com seu humor, leva bastante a sério essa orientação que lhe foi possível ler em alguns analistas de língua inglesa: ele não a segue, tampouco a recomenda, mas a ilustra com um exemplo que teria sido extraído de um artigo de Annie Reich, publicado no primeiro número de 1951 do *International Journal of Psycho-analysis*. Se nos reportarmos a essa fonte, encontraremos a assinatura dessa analista em um trabalho cujo nome é "Sobre a contratransferência", porém o exemplo comentado por Lacan aparece, de fato, em um artigo que vem logo em seguida, assinado por Margaret Little, intitulado "Contratransferência e a resposta do paciente para isso".[2]

Trata-se de um caso em que, após a morte recente da mãe, um analisando alcança grande sucesso em uma comunicação que ele faz em programa de rádio, sobre um tema de grande interesse para seu analista. Depois dessa comunicação, seu realizador chega à sessão muito perturbado. O analista — que conhecia o teor do que foi transmitido pelo rádio — interpreta: "sua aflição escamoteia um medo de que eu, enciumado, possa privá-lo da satisfação pelo sucesso conquistado". Essa interpretação procura reenquadrar, no aqui e agora da sessão, o que paciente dizia e, assim, revela o que estava sendo projetado. O analisando sente um apaziguamento.

Dois anos mais tarde, com a análise já terminada, uma dificuldade para se divertir em uma festa faz com que, então, ele se lembre de que, uma semana atrás, havia sido aniversário de morte de sua mãe. Uma outra interpretação surge, mas agora sustentada por quem parece pretender agir como um analista: tristeza, por não poder compartilhar com sua mãe tal sucesso, e culpa, por tê-lo obtido e desfrutado em pleno luto, foram as verdadeiras razões de ele ter chegado tão transtornado em sua sessão de análise. Por sua vez, o possível engano da primeira interpretação parece indicar uma dificuldade do analista dominar a "contratransferência" e manter uma devida distância com relação a seu analisante: dados mais recentes comprovavam que o analista, ao intervir, não conseguiu conter o ciúme que ainda caracteriza sua relação com seu ex-paciente.

A distância da orientação de Lacan com relação a Margaret Little e Annie Reich evidencia-se quando deparamo-nos com a seguinte formulação: uma vez que "o analista acreditou que devia buscar, de início, no *hic et nunc*, a razão da atitude do paciente", ele só poderia mesmo encontrar "o que, sem dúvida alguma, existia efetivamente no campo intersubjetivo entre os dois personagens".[3] Em outros termos: a interpretação do suposto ciúme que o analisando lhe atribuiria pôde se impor porque, tal como vai se tornar evidente dois anos mais tarde, o próprio analista experimentava, com alguma intensidade, esse sentimento quanto a seu paciente.

Orientando-se pelo "aqui e agora", a sessão analítica toma a forma de um incessante jogo especular: o psicanalista desvela-se a si próprio como substrato das projeções do analisando e, sobretudo quando este último passa a ser considerado um psicanalista, poderá ser a sua vez de desmascarar, na interpretação recebida de quem dirigia seu tratamento, uma certa projeção do próprio analista. A sessão analítica torna-se uma especulação infindável, evocando circularidades obsessivas do tipo "você está pensando que eu estou pensando que você". Amparado por uma tal perspectiva, Lacan conclui: "o analista se crê autorizado a fazer uma interpretação de ego a ego, ou de igual a igual".[3]

... a uma "two bodies psychology"

O ego, já em Freud, é constituído como corpo próprio a partir de uma referência que provém, originalmente, de um outro com o qual uma identificação torna-se possível. Nesse viés, a "interpretação de ego a ego" tem também suas ressonâncias nessa parte do *Seminário 1* intitulada "Os impasses de Michael Balint". Entre tais dificuldades de passagem, Lacan destaca a tentativa de Balint em ir além da "*one body's psychology*", da "psicologia de um corpo", tematizando o que acontece na sessão analítica como uma "*two bodies psychology*", "uma psicologia de dois corpos".[4]

O tratamento analítico passa a ser tematizado a partir das emoções transferidas, principalmente, do corpo do analisando para o corpo do analista. Balint, reduzindo a transferência a um mero deslocamento, transforma a situação analítica em uma reiteração da relação mãe-criança, da própria situação edípica. Nesse contexto, ele ainda prevê que o psicanalista, graças aos bons resultados obtidos com sua análise pessoal, deverá retificar o anacronismo dessa reiteração e desempenhar, frente ao analisando, um "papel passivo", tal como, por exemplo, uma mesa que recebe, sem qualquer reação, os golpes de raiva de alguém.[5]

Tanto em Annie Reich ou Margaret Little, quanto em Michael Balint, encontraríamos um apagamento do registro simbólico e um resvalamento da sessão analítica para o eixo imaginário: o analista — embora devendo ter conquistado, ao longo de sua análise, o controle das próprias emoções — tem seu corpo tomado ainda como corpo de uma pessoa. Adquirindo um saber e mesmo uma certeza sobre si próprio, realizando uma espécie de libertação do ego com relação ao inconsciente, o psicanalista torna-se alguém que pode dirigir não apenas o tratamento, mas também o inconsciente de outrem.

Um terceiro termo

Diante do enquadramento da sessão analítica a uma "*two bodies psychology*", uma primeira resposta de Lacan foi abordar, em termos de intersubjetividade, o que acontece nessa sessão: entre um ego e outro há, pelo menos, um terceiro termo — a palavra. Esse terceiro termo faz, da sessão analítica, o tempo e o espaço em que *dois sujeitos* encontram-se dominados por uma Outra instância que os ultrapassa e que não limita a sessão a um tempo e a um local predefinidos. Porque falar sempre implica perder-se no que se fala, porque o inconsciente pode manifestar-se em qualquer lugar, cabe ao analista — no exercício da escuta, graças a uma não definição prévia do tempo da sessão — favorecer a suspensão das certezas que um falante, contra a própria função da palavra, pode fazer de si mesmo.[6]

Recorrer ao uso que dois sujeitos fazem da palavra permitiu a Lacan operar uma *dessubstancialização*[7] do que havia sido polarizado como relação de ego a ego. Estar sujeito à regra da associação livre, à exigência de falar tudo destitui o analisando de uma série de atributos com os quais ele se identificava, mas o analista — ao emprestar seu corpo para o que Freud nomeou como transferência — deve "pagar com sua pessoa",[8] para que a direção do tratamento não se confunda com um norteamento moral do paciente.

No entanto, a noção de intersubjetividade realiza apenas parcialmente essa operação de dessubstancialização que Lacan aciona para destacar, entre os usuários da palavra, a prevalência da ordem simbólica, do campo da linguagem, enfim, do próprio campo do Outro. Afinal, o apelo a dois sujeitos que se falam enquadra a sessão analítica numa dimensão dialógico-comunicacional: a dissimetria simbólica entre analista e analisando, apesar de ser maior do que aquela relativa a dois egos, não é ainda radical, tampouco configura dois campos diferentes. Permanecemos, portanto, em uma perspectiva por demais subjetiva[9] e, além disso, imprópria para demonstrar que a psicanálise é diversa de todo tipo de psicologia.

A temática da relação intersubjetiva é abandonada e Lacan passa a se interessar, durante vários anos, pela determinação que — dividido entre um significante e outro — o sujeito padece desde o campo do Outro, desde esse lugar articulado antes mesmo da existência daquele que fala. Um processo de descorporificação parece atingir tanto o analisando (concebido como sujeito desvanecido entre os significantes que compõem sua vida), quanto o analista (designado, graças à transferência, como "sujeito suposto saber").

Atrás do divã

A ordem simbólica, na medida em que parece fechar-se sobre si mesma, chegaria a evocar um modo autônomo de funcionamento onde o saber inconsciente poderia ser elaborado sem qualquer participação do corpo. Nesse ritmo, conforme Jacques-Alain Miller chegou a considerar, o corpo não passaria de um mero "resíduo de presença na psicanálise", de uma espécie de "dejeto do Outro do saber" e o próprio saber seria elaborado fora dos corpos.[10] No entanto, mesmo com a desfiguração e a primazia exercidas pela linguagem, as dimensões corporais não são elimináveis da sessão analítica lacaniana: "a presença dos corpos..., de dois corpos é uma condição da operação analítica" porque "não há análise por escrito, não há análise por telefone, não há análise por Internet" e até "o sentido não vale sem a presença".[10]

Sem dúvida, tal como Sérgio de Castro[11] pôde evocar, a exigência lacaniana de que dois corpos sejam presentificados no âmbito mesmo da sessão analítica, remete-nos à "*two bodies psychology*" preconizada por Balint. No entanto, parece imprescindível reiterar que os impasses desse analista são provenientes de uma restrição das dimensões corporais da sessão analítica ao eixo imaginário. Ora, na insistência de Jacques-Alain Miller em afirmar tais dimensões como uma exigência mesma da psicanálise, não é apenas o registro imaginário que é convocado e não há qualquer possibilidade de a sessão analítica ser assimilada a uma relação de ego a ego.

O inconsciente passa a ser descrito "como uma borda que se abre e se fecha", ou seja, torna-se "homogêneo a uma zona erógena",[12] a essas partes do corpo permeadas pelo funcionamento das pulsões. Que uma análise não acontece sem a presença efetiva do corpo do analisando e que tal corpo não concerne apenas seu ego, é bem evidente: por mais que a linguagem desfigure aquele que fala, é dessa própria desfiguração que se destacam os objetos contornados pela satisfação pulsional, bem como os sintomas que afloram nas palavras ou no corpo endereçados a um analista. Além disso, a própria trama discursiva do inconsciente, o próprio discurso do Outro parece também pulsar como um corpo, nesse batimento de abrir e fechar.

A realização desse discurso, a exposição de sua ex-centricidade, acontece "pela boca do analista".[13] Porque o analista é aquele que decide o sentido de uma interpretação, mobiliza todo um trabalho de construção e, de sua boca, podem reverberar também um silêncio ou mesmo alguns ligeiros sons que não deixam de ressaltar a presença de um corpo vivo, atrás do divã. No que concerne ainda ao corpo do analista na sessão, considerando que, para Lacan, esse parceiro do analisando faz as vezes do Outro e é tomado como sujeito suposto saber, devemos lembrar que, no *Seminário 17*, o Outro é definido como aquele "que tem um corpo e que não existe" e o saber é tematizado como "meio de gozo",[14] ou seja, de uma satisfação que não se processa sem a presença de algum corpo.

Por fim, Lacan convida-nos a abordar a conjunção — específica de um corpo vivo e falante — entre significante e gozo. A sessão analítica, na medida em que não tem uma duração preestabelecida, deixou de acenar, segundo Jacques-Alain Miller, com "a elaboração completa da significação", com a impressão de um funcionamento autônomo do simbólico ou uma limitação à parceria imaginária entre analisando e analista: a sessão analítica impõe-se, por conseguinte, como uma ocasião privilegiada para se "tomar a palavra como um modo de satisfação específica do corpo falado".[15]

Após uma ausência do analista

Uma última referência clínica pode elucidar como, na sessão analítica, a presença de dois corpos não se limita à intersubjetividade, tampouco a uma relação entre dois egos. Às vésperas de um período de ausência do analista, um analisando apresenta-se à sessão com uma palavra que, ao mesmo tempo, define o ser que o profere, é a metonímia de uma certa satisfação anal que ele descobre como insistente na sua vida e que lhe remete, ainda, à configuração humilhada de seu pai. A emergência desse significante, que lhe cai como um insulto, angustia o sujeito que, não sem ódio, alude nostalgicamente aos tempos anteriores à análise, em que ele podia sempre se pensar como irresponsável quanto a seus atos. O analisando afirma, então, que vai deixar o tratamento.

Há toda uma situação que convoca o confronto ego a ego e a passividade exigida do analista em uma "*two bodies psychology*": o sujeito — não sem imprimir a sua fala um tom acusatório — quer sair no mesmo momento em que o analista vai também se ausentar... Entretanto, a presença do analista marca o valor do peso do significante que afeta o corpo do analisando, explicitando-lhe que algo inédito acontecera a esse corpo que, antes, parecia muito mais mortificado do que mobilizado pelas palavras que ele próprio veiculava. O analista sustenta que, diante desses efeitos de vivificação de um corpo por um significante, não há outra saída do que a permanência no tratamento. Depois do período de ausência do analista, o sujeito retorna, mas acompanhado de um corpo vivo e falante, que passa a se deixar afetar muito mais pelo que advém desse outro corpo — mais discreto, mas não menos vivo — que a presença do analista encarna no curso das sessões.

Eu me Pergunto Por que...

Nathalie Georges-Lambrichs

A tempo e a hora que lei do mercado exige dos terapeutas as razões de seus atos e sendo que os itens que inventa, regulados pelas exigências do tratamento da informática, nos contemplam a partir do fundo das falhas tal como o buraco da previdência social, um novo definir da sessão analítica se faz necessário, para minimamente tornar perceptíveis as fronteiras do campo que indexam os adjetivos derivados dos nomes de Freud e de Lacan. Cabe aos analistas provarem o fundamento da existência real do campo que, há várias décadas, produz as escolas no mundo. Os analistas são responsáveis do próprio campo de que são frutos. Cada Encontro Internacional é, nesse sentido, um momento de balanço: Analista do ano 2000. Que fizeste da sessão analítica, que fazes dela? Podes afirmar ou deixar entender — supondo aí que "a bom entendedor" — que uso fizeste realmente da tua herança?

O tempo e o dinheiro

As saliências da quebra, introduzida por Lacan, entre o tempo e o dinheiro permanecem vivas. Freud não tocou nessa solidariedade resultante do bom senso (a coisa cartesiana supunha ao mundo a melhor distribuição), na medida em que se colocou como fortaleza contra o apelo desmedido. Lacan, ele, ousou questionar essa pretensa evidência, correndo o risco de alimentar a suspeita, com o intuito de relançar a questão do gozo e seu escamoteamento nos outros discursos que não analíticos.

Nada resta a mais que a indexação do preço do ato em tempo passado para o efetuar, sendo um dos grandes princípios organizadores da prática dos cuidados, e que a disjunção lacaniana, questionando-a aposta sobre outro freio. Qual?

Eis aqui a sessão fazendo furo no discurso corrente, hoje o analista não pode mais se assegurar do standard estabelecido em nome de um suposto bom pai para... operar. A sessão conecta-se, de fato, com outras sessões, sem as quais ela nada valeria: sessão de trabalho, de supervisão, sessão-plenária ou em múltiplas salas em que são expostas hipóteses de trabalho, os resultados obtidos, as questões em jogo. O cálculo do "preço" da sessão complica-se então, visto que precisamente essas outras sessões não têm preço.

Ao mesmo tempo, para avaliar o ato, para medir o seu alcance, (recomendo) colaborar com o analista muito mais do que contar com ele. Que padrão nos resta, longe da sessão, para analisá-la? "A" sessão, una e múltipla, necessária para o desenvolver da cura e sempre contingente — que, ao mesmo tempo, volta sempre à primeira e não vale nada sem fazer referência à última — é, portanto, o instrumento de que o analista dispõe, e que, ao mesmo tempo, coloca o analista ao dispor do analisante, para fazer o quê, senão orientar um tratamento analítico digno desse nome? Se o analisante não o sabe, o analista, ele próprio, sabe que só é pago para isso.

A estagnação, a rotina que Jacques-Alain Miller opunha em sua aula desse ano à invenção — armas poderosas da pulsão tão sensíveis no decorrer das sessões, das preciosas sessões que, de repente, poderiam parecer ter sido criadas de propósito para torná-las perenes — levam então o analista a seguir o mais perto possível a lógica de seu ato dentro da relação que tem com o tempo, e mais ainda quando a agenda de um encontro internacional precipita dentro do poço da inércia a pedra de um novo desejo.

Você falou: "análise?"

A colocação em funcionamento do significante "análise" produziu sobre Jérôme efeitos inesperados, conforme, pelo menos, aqueles que iniciaram com e que não deixem de se maravilhar. Concluiu brilhantemente seus estudos, estudos que anteriormente pensava em abandonar; serviu nas Forças Armadas durante seu tempo de Exército, Exército para que planejava obter uma dispensa; encontrou emprego no seu ramo de atividades, ele que pensava em recorrer ao RMI,[1] e iniciou um relacionamento com uma jovem, formada em psicologia.

Porém, nada disso parece mesmo ter valor para o Jérôme cujo sofrimento aumentou juntamente com seus sucessos. Basta dizer ou deixar de dizer algo a um ou a outro de seus interlocutores privilegiados — pai ou mãe, namorada ou amigos — que (ele) mergulha nas deliciosas atormentações do autoconstrangimento e da suspeita generalizada em relação ao que ele bem poderia ter querido dizer verdadeiramente ou querido calar. Jérôme descobre, na realidade, e sem querer, que o verdadeiro mente (do verbo mentir), e isso de fato se impõe cada vez mais, apesar de tudo. Até o ponto de querer romper brutalmente com seu analista, num momento em que estava indo particularmente bem, segundo o que todos confirmam.

Porém, não chegou a tomar nenhuma decisão nesse sentido. Melhor; concordou em ficar depois de ouvir algumas palavras do analista que diziam: se (Jérôme) interrompesse a análise, o que valia então sua análise para ele? Não há dúvida que a analista se tornou aqui por princípio cúmplice do significante "análise" e até deu seu apoio, sem saber, porém, ao que o Jérôme tem depositado aqui. Tal princípio foi colocado em funcionamento depois de alguns "progressos" terem sido verificados no tratamento.

Progressos na análise bastante lentos

Jérôme é "lerdo". Isso é conhecido desde o início. E ele próprio, que ficou tanto tempo revoltado contra essa pecha que julgava pouco merecida, hoje tem tendência em aceitá-la e até concorda com ela. É incapaz de se apressar, precisa de tempo, precisa guardar tempo, ganhar tempo até alcançar aqueles que parecem nunca querer desistir de roubá-lo dele.

Assim, em relação à análise, disse que pensava naquilo há muito tempo, mas que não conseguia se decidir. Para que tomasse a decisão foi necessária a precipitação da insuportável angústia nascida de dois eventos interligados: o suicídio de uma amiga e a crise de delírio do namorado dela. Na época, tinha vinte anos. Cursava sem ânimo um curso de artes plásticas que começou tardiamente. Não fazia questão de tirar o diploma e temia o Exército. O relacionamento que ele próprio viveu com essa mesma jovem do casal em questão, resultou, depois de meses e meses de colóquio singular, num fracasso patente: uma falta de desejo de ambos, bilateral.

Ao procurar a comissão de acolhida da Escola da Causa Freudiana, no intuito de encontrar um analista, Jérôme venceu suas resistências, "por motivo de vida ou morte" disse ele na época. O significante "análise" junto, também, com o que ele indexa (acrescenta) propriamente ao Jérôme, tinham o poder de aguçar nele uma angústia existencial de modo a orientá-lo em direção ao dispositivo freudiano como sendo o motor do tratamento.

Do necessário ao contingente

As condições de início da análise corresponderam à idéia que tinha da mesma. Não tinha condições de pagar as sessões, sua mãe concordou com um preço razoável que o analista aceitou.

É depois de três anos que o analista entendeu quanto a vida e a morte eram interligados para J através de dois acontecimentos seguidos, e até confundidos por ele: o nascimento de sua irmã e a morte acidental de seu tio, irmão de sua mãe. Tinha, na época, três ou quatro anos.

Pouco depois, J lembra ter recebido de seus pais, para seu 23° ou 24° aniversário, o aparelho de fotografia que pediu, que ele próprio comprou e entregou a seus pais para guardar até o dia D (do aniversário). "Mas a lente tinha afundado" lembra ele. E, continua: "Tive na minha frente o silêncio muito profundo de minha mãe e de minha irmã. Depois, minha irmã foi se trancar no quarto dela, meu pai chegou e o pegou das minhas mãos para tentar consertá-lo, em vão. Minha mãe me ofereceu comprar outro, falei que o mandaria consertar mas acabei não levando."

O comentário que J deu do acontecimento deixou o analista pensativo. Ele disse: "Nunca consegui nenhuma explicação sobre o que aconteceu, nem exigindo com raiva, nem pedindo com a razão." Depois acrescenta "Tive muitas vezes a impressão de ter enfrentado situações similares, como se não pudesse ter acesso à realidade do acidente, como se não pudesse ser testemunha, como se quisessem me poupar." Essa lembrança recente tinha suas raízes vinte anos atrás.

O deslize semântico ocorrido nessa sessão entre "acontecimento" e "acidente" ilumina, de fato, para o analista, o recalque que se operou a partir do nascimento de sua irmã — que lhe deu um papel de irmão[2] — e o falecimento de um tio. Para o analista, J deu a informação de sua identificação com o irmão desaparecido de sua mãe. A partir daí, ele confirma, através dessas palavras ditas para um outro, que resta, por sua vez, prisioneiro de seu aparelho danificado, de sua lente afundada dentro do caos de seus pensamentos e de um golpe que o acertou em cheio.

Uma sessão rica

Imediatamente depois do relato desse "acontecimento" cujo eco não percebe, J traz nada menos que a lembrança de três sonhos.

Lembra de uma sessão de... tortura: tem quatro anos, sua fimose o perturba e nenhum de seus pais consegue aliviar sua dor. No pronto socorro do hospital Les Enfants Malades ele escuta de um cirurgião: "a partir de agora, você cuidará disso sozinho".

No primeiro sonho — eu estou defecando e encontro-me totalmente coberto por excrementos, acabo engolindo parte e fico por muito tempo depois de ter acordado com um gosto amargo na boca — é o corpo que emerge de uma lama de excrementos, delineando o império da memória e a tirania da sensação que se manifestou.

No segundo sonho — estou sentado na privada como numa poltrona, há muita gente à minha volta, é uma recepção — a pessoa se percebe, sentada com toda sua majestade não renunciada e a precária eternidade do instante.

No terceiro sonho — num banheiro sujo, procuro as privadas sem encontrá-las, são defeituosas, a situação é desencadeada por uma necessidade — colocar a pessoa em situação de busca, em movimento. Assim, ele tropeça numa antiga lembrança. e a lembrança de um sonho de criança, recorrente: "pequeno, sonhava que partia para a escola sem calças".

Recapitulemos a charada: em primeiro é a lembrança de uma sessão; em segundo é uma sessão de sonhos; em terceiro é a lembrança de um sonho e o todo é uma sessão de análise. O "todo" não deixa de ter um resto...

Não há dúvida que é possível dizer que seu ser de menino, seu aparelho danificado, o falecido que J encarna estão aqui, despregado de uma primeira cifragem que aconteceu na infância e que se liga agora com o que o sujeito produz. "Sinto-me prisioneiro de algo que me escapa", diz ele ao mesmo tempo que reconhece ter a impressão muito nova de ter tempo para entender. Ele, para quem, até agora, tudo corria tão rápido que tinha a impressão de não entender nada.

Saber não é dirigir

Afinal, onde está a riqueza dessa sessão? Quem se beneficia com isso? Será que o analista está imaginando que passou na frente devido ao fato de que, por um lado, essa sessão aparece, na verdade, como a matriz das identificações e do fantasma do sujeito e que, por outro lado, faz um ponto de chamada ao Outro do saber que evoca o significante "escola"? Estaria errado, pois o analista, aqui. Está longe de poder saber qual vai ser a direção dos eventos, que caminhos J trilhará ou deixará de trilhar, que encontro para ele será ou não decisivo. Nem sabe ainda se está à altura do J, se encontrará a medida que é para ele, se representa algo para ele. Inclusive, nunca o saberá, a menos que J sinta a vontade de dizer algo a esse respeito... Por enquanto, o analista, quando resolveu apresentar esse caso, baseia-se, quem sabe, num sonho de transferência, o tendo, se for possível dizer assim, iluminado nesse ponto: "É noite escura. Estou no seu carro que dirijo sem carteira. Todas as barreiras se erguem." Ao que o sonhador associa: "Sempre gostei de dirigir de noite; criança, recolhido junto à porta, no banco de traz, com minha irmã, morria de medo que a porta se abrisse."

A invenção do sujeito

Coloco-a no fato de que J, desde a sessão rica, falta às sessões que continua pagando regularmente. Aparece uma vez em quatro sessões. Retornando mais uma vez ao princípio de sua análise, começo que não deixa de refundar, era na época, lembra ele, atravessado por um incrível caos, por pulsões irresistíveis, pela vontade de correr gritando, que mal conseguia controlar.

Sobre seu silêncio de então, ele se dá conta que tinha como função guardar a qualquer custo o que mais gostava, ou seja, o fato de saber que sabia que não sabia e, não menos, o que não sabia que sabia. O fio sobre o qual brincava de malabarista tornou-se o fio do discurso que não se cansa de perguntar: "e quem libera?".[3]

As sessões se articulam agora em dois eixos, que se cruzam: J enuncia sempre melhor de que consiste sua divisão: "Sinto-me dividido entre a vontade de solidão e o medo por estar só", o que o encanta. Ele confessa pouco a pouco seu gozo, nem sem preocupação: "Sinto-me mais livre do que nunca, e pergunto-me por quê."

A invenção do analista

Até agora, consistiu em dar a um enunciado do sujeito o status de uma declaração. O enunciado era o seguinte: "Não quero ser o único a carregar o peso de minhas próprias palavras nem as conseqüências de seu poder." O analista simplesmente fez repetir ao analisante esse enunciado quatro vezes.

De fato, "para sustentar o esquecimento do ato e sua inconseqüência, a transferência não basta. A questão do sujeito suposto saber deve ser deslocada para que algo possa colocar-se como contra-esquecimento." (Jacques-Alain Miller, Curso 1999.)

Hoje, J está na questão; quer dizer que questiona suas reticências em dizer qualquer coisa de sua vida real, suspeita-a ou suspeita a si próprio de só falar no divã para não dizer o que seria necessário.

Ao mesmo tempo que admite as leis do inconsciente, ele se dedica à tarefa de contar com suas formações, J questiona a coisa analítica que, como o enuncia, infiltra-se desse gozo que deseja calar pois teme perdê-la: Ouvir-se fazer belos *lapsus linguae* e comentá-los, sem dúvida, guarda um certo charme, mas isso não esconde, pergunta ele, outras coisas? A sessão em si vem do âmago de seu debate: o que faz, aqui; o que quer, mais ainda? Compraria o silêncio do analista e para encobrir o que de inconfessável? Nessa altura, a aposta do analista é clara: demostrando a dignidade de seu analisante para essa capacidade de ser um homem, antecipa sobre seu ser responsável pelo progresso da psicanálise de amanhã.

O Tempo Propriamente Dito

Sergio Larriera

Deixação de (a) no nó

O objeto (a) é a peça chave de todas as considerações e articulações sobre a questão do gozo efetuadas por Lacan. Isto tem sido exaustivamente apresentado por J.-A. Miller, constituindo o tema fundamental de seus cursos, conferências e seminários, em especial durante os últimos anos.

A exposição deste trabalho sobre o tempo se valerá da localização do objeto (a) no nó borromeano como organizador do que aqui se propõe. Sabe-se que o objeto (a) não é outra coisa que seus semblantes; por outro lado, em sua apresentação sob os nós do semblante, é também "semblante de ser", posto que "aparenta dar-nos o suporte do ser" (Seminário 20). O ser em questão não é nada, é uma mera suposição ao objeto (a), explica Lacan neste seminário. De tudo isto é preciso deduzir que, se o objeto (a) não é outra coisa que seus semblantes, será em seus modos de *semblar* que é semblante de ser, assemelhando assim dar o suporte do ser: o ser está suposto ao objeto (a).

Reduzindo o nó à sua mínima expressão, de acordo com o que foi dito em *A Terceira*, pode-se destacar a propósito desta exposição, os quatro pontos (no nó lacaniano um ponto sempre é tridimensional) principais:

O ponto central (a) e os três pontos de gozo são: o ponto do gozo do corpo, o ponto do gozo fálico e o do sentido (respectivamente GA, G φ e s).

Nesta conferência Lacan explica que o nó é uma formalização que permite operar "exatamente" no seio da experiência. Que ele diga "exatamente" coloca às claras a importância que atribui a esse nó recentemente incorporado a seu ensino.

De que modo pode o nó prestar-se a tal função na prática? "Se trata de deixar ali esse objeto insensato que especifiquei como objeto(a)". Para cumprir o seu encargo o analista deverá "deixar" no nó o objeto (a). Procedendo com as três dimensões (dimensões, diz-mensões) R.S.I. e tomando em consideração os três pontos de gozo, terá que ceder, "deixar" no ponto central no qual encaixam os três aros, o objeto (a). Precisa Lacan que "aprisionando-o exatamente pode-se responder à função do analista: oferecê-lo ao analisante como causa de seu desejo". A exposição tratará de mostrar que essa deixação do objeto (a) a cargo do analista, propiciará o ato que dá lugar e tempo à experiência psicanalítica. O falasser é precipitado ao ato pelo objeto (a), correspondendo dita precipitação à função da pressa, inerente ao momento de concluir em que o analisante se apreende como sujeito identificado ao objeto.

Os arcos da ex-sistência

É uma propriedade do nó que, em cada ponto triplamente determinado, cada uma das três diz-mensões ex-sista às outras duas. Se tomamos como referência o ponto central, pode-se comprovar que o real ex-siste ao sentido, o imaginário ex-siste ao gozo fálico e o simbólico ex-siste ao gozo do corpo do Outro. Em outros termos, devido ao tríplice calço que o determina, o objeto (a) ocupa o lugar da ex-sistência, enquanto está configurado por esses três modos de ex-sistir. Daí que os três arcos — arcos enquanto são segmentos de círculo — que em seu calço borromeano aprisionam o objeto (a), possam denominar-se "arcos da ex-sistência". Oferecer o objeto (a) ao analisante é fazê-lo ex-sistir no discurso analítico. Porém ex-sistir não quer dizer "ser"; o ser não se confunde com a ex-sistência. A ex-sistência é uma posição que se sustenta como um semblante, enquanto que o ser é a substância que se supõe "mais além" do semblante.

Pela posição que ocupa no nó, (a) é o conceito central da formalização. Enquanto sua determinação é tríplice pelo calço de R, S e I, é real: "o real é três". Como real triplamente limitado, pode ser considerado como a Coisa que se subtrai a toda determinação e, por sua vez, como esse objeto que a cada vez, em cada ponto de gozo, oferece um de seus semblantes. A escritura central (a) faz referência à Coisa que, ao subtrair-se como impossível, doa lugar e tempo, e ao objeto, que ao fazer-se presente, localiza e temporaliza o gozo. Em cada ponto de gozo a Coisa, retendo-se na ocultação enquanto coisa, se faz presente como semblante de objeto. Ao subtrair-se, a Coisa transtorna qualquer aspiração ao gozo absoluto, mostrando sua impossibilidade. Assim (a) é a escritura de uma impossibilidade (a impossibilidade de realizar o gozo absoluto), e a de uma presença que opera como limite, um fazer-se presente que induz à suposição de que há substância mais além do limite, quer dizer, a crer em um ser suposto. Em síntese, revelação como um fazer-se presente e ocultamento como impossibilidade de transcender o semblante, o que em *L'Étourdit* Lacan expressou na fórmula: *la verité, aletheia=Verborgenheit.*

A temporalidade como dupla conjectura

Convém recordar minimamente a temporalidade em *Ser e tempo*, para contextualizar a fórmula correspondente em Lacan.

Ao fazer a experiência do ser-para-a-morte não se trata para o *Dasein* de estar à espera de que aconteça a morte, pondo assim fim à existência. Não é o temor à morte nem é um alegre e piedoso aguardá-la. Trata-se da morte como possibilidade constante de antecipar-se, de um pré ser-se. Esta possibilidade ôntica, a de antever sua morte, é a instância mais alta do poder-ser do ser-no-mundo. Esta circunstância legitima a eleição de dita possibilidade, a da morte, para decidir acerca da questão ontológica (Heidegger, *Ser e tempo*). Esta possibilidade, a de antever-a-morte que prepara a assunção do ser-para-a-morte, tem no campo da psicanálise sua correspondência na castração. Levando em conta a hipótese do inconsciente, antever-a-morte se transforma na assunção da castração. Assumir a castração é, para o falasser, ficar referido a um gozo impossível, o gozo absoluto, e também ficar limitado aos gozos parciais: gozo fálico, gozo do corpo, gozo do sentido, gozo do sintoma, gozo do inconsciente etc.

A possibilidade de antever a morte coloca o *Dasein* em posição de antecipar-se, de pré ser-se já, no mundo. Tal possibilidade altera a relação com o tempo vulgar até o ponto em que já não se pode dizer, do ser do *Dasein*, que passado, presente e futuro sejam os tempos verbais que lhe correspondem. O ser não é uma presença (presente) ao modo de um ente qualquer, nem foi no passado, porém já não é, nem tampouco será pois ainda não o é. De tal forma que Heidegger dirá, a respeito do ser, que os modos verbais que lhe convém são "advindo", "sido" e "apresentando". Nestes modos a ação não se conclui, permanece aberta.

Este é o antecedente da fórmula de Lacan de 1953: "o que terei sido para o que estou chegando a ser", apresentada no "Manifesto de Roma" (questões básicas como história e historização também submergem suas raízes psicanalíticas em *Ser e tempo*). "Terei" é um antifuturo de probabilidade ou conjectural; há uma ação duvidosa ou suposta "terei", de um passado "sido", e relativa a outra ação vindoura, também conjectural, porque não é "o que serei" senão "o que estou chegando a ser". Há uma dupla conjectura no "terei sido" e no "chegando a ser", propiciando a interrogação do que não está acabado nem no passado nem no futuro, pelo qual o presente também resulta desestabilizado.

A propósito desta exposição, se aplicará a fórmula da temporalidade, aos modos de temporalização da coisa/objeto, no nó. Para isso se lhe imprimirá uma mínima transformação: "o que terá sido para o que está chegando a ser". O que terá sido (o passado conjectural) se faz presente no ponto de inflexão sob a forma de uma preposição, "para". Também a conjectura do futuro, o que está chegando a ser, se faz presente no "para". Esse "para" instável, no qual fazem-se presentes o passado e o futuro da coisa e atravessado pela flecha conjectural, num duplo sentido, do passado ao futuro e do futuro ao passado.

O tempo: puxadas do nó

No Seminário 22 encontra-se uma hermética formulação de Lacan: "o tempo são as puxadas do nó". Uma maneira de começar a desentranhar o sentido desta frase pode ser a assimilação dos três modos de fazer-se presente o objeto (a) com as correspondentes puxadas do nó. A alternância dos modos de *semblar* (a), seus modos de estar presente correspondem-se com as puxadas do nó. As puxadas do nó não são um efeito dos modos de fazer-se presente o objeto (a), senão que ambas as questões são a mesma coisa.

O (a) dá tempo, este se temporaliza (passado, presente, futuro) como puxadas do nó. As mudanças de localização do gozo, na experiência psicanalítica, atualizam a temporalidade. Cada vez que o objeto (a) oferece um semblante em um ponto de gozo, faz-se presente sob a fórmula de "o que terá sido para o que está chegando a ser".

"O ser se faz" e "dar tempo ao ser" são duas frases que regem a experiência analítica. Com efeito, o (a) dá tempo ao ser quando pega puxadas dos pontos de gozo. Ao dar tempo o (a) temporaliza o ser, o qual sempre se faz presente em seu duplo inacabamento. O (a) dá tempo ao ser quando ao semblar, pega puxadas dos pontos de gozo. Ao dar tempo, o (a) temporaliza o ser, o qual sempre se faz presente em seu inacabamento, em seu duplo inacabamento: o que terá sido, o que está chegando a ser. Duas ações inacabadas, e em conseqüência, dupla conjectura. Esta é a peculiaridade do presente na psicanálise: é um trânsito entre os pólos de uma dupla conjectura. O presente só se concebe como um fazer-se presente (não há um fazer-se presente próprio do presente, a duração do presente é imaginária). O fazer-se presente, o estar presente é uma evanescência que só imaginariamente adquire duração. O presente só é ponto de inflexão entre passado e futuro. Ponto em estrito sentido matemático, como sem dimensão, de dimensão zero.

O acontecimento propício: apropriação e expropriação

É próprio do (a) que aconteça, quer dizer, que se apresente em um ato. Essa é a índole do (a). A esse modo próprio de fazer-se presente (a) pode-se conectar com a noção de acontecimento propício (*Ereignis*), de Heidegger. O *Ereignis* é o organizador do pensamento do "segundo" Heidegger. Pode-se considerar que o surgimento do acontecimento propício, deslocando o ser da primeira época, é a marca em seu pensamento da importância crescente da língua, ou em outros termos, da passagem de uma noção de linguagem própria do "primeiro" Heidegger a uma noção próxima de uma noção psicanalítica de alíngua. Se o ser (*sein*) todavia, deixa dúvidas, por sua parte o acontecimento propício (*Ereignis*) indica que não há outro ser que o do dizer. Na conferência de 1962, *Ser e tempo*, ambos os conceitos, resultam como doação no acontecimento propício: "se dá tempo", "se dá ser". Impressionante testemunho da torção sofrida pelo pensamento.

Agora pode-se afirmar que a deixação do (a) no nó acontece propriamente. Como se produz tal acontecimento propício? Graças à escansão do discurso do analisante, que consiste em operações de corte em cada um dos pontos de gozo. O corte propicia o acontecimento: assim dá tempo. O corte dá tempo ao ponto de gozo do qual se trata. Dar tempo quer dizer que faz presente. Ao fazer-se presente a Coisa sob o modo do objeto correspondente, este oferece um semblante. O que se faz presente como semblante de objeto subtrai-se ao mesmo tempo como Coisa do gozo absoluto. O corte ao separar cada vez o objeto (cada vez, quer dizer, em cada um dos pontos de gozo) o apresenta como semblante:

1. O corte no ponto do gozo fálico faz presente o objeto (a) como semblante imaginário.
2. O corte no ponto de gozo do corpo faz presente o objeto (a) como semblante simbólico.
3. O corte no ponto de gozo do sentido faz presente o objeto (a) como semblante real.

Estes três modos de *semblar* de (a) que constituem o tríplice limite que separa os gozos parciais, gozos possíveis, do gozo absoluto que estaria mais além do limite.

Como entender, após estas formulações, a fórmula de Lacan "se dá tempo ao ser"?

Os procedimentos do analista, as manobras que realiza na experiência analítica implicam um processo, o transcurso de um tempo necessário para que o analisante entre no discurso analítico. Porém, somente quando (a) está situado no discurso, no lugar de semblante, começa a dar tempo ao ser. Doação do tempo necessário para que o ser se faça.

Com o termo *das Ereignis,* Heidegger sublinha o ato de uma apropriação expropriante. O propício contém a raiz do ato que consiste no duplo movimento de apropriar-se e resultar expropriado. Porque o acontecimento acontece propiciamente, resulta que no ato de apropriação se expropria. Propiciar mediante a apropriação e expropriação é o que é próprio do acontecimento.

O tempo propriamente dito

Convém destacar na frase: "o tempo propriamente dito", a questão do dizer, de um dizer apropriado à questão, um dizer que se restrinja ao que é próprio do tempo. A psicanálise fala do tempo doado pelo acontecimento propício do (a). Ao acontecer propício do (a) responde a apropriação expropriante por (a) que se dá o tempo, temporizando-se no fazer-se presente de "o que terá sido para o que está chegando a ser".

No final da conferência *Ser e tempo* (p.44) se diz: "... o pensamento se compromete propriamente em, desde e para o acontecimento propício, para dizê-lo". Para alcançar esse dizer há que superar diversos impedimentos. Um impedimento é "dizer acerca do acontecimento propício ao modo de uma conferência" pois uma conferência só fala em proposições enunciativas. Deste fechamento deduz-se que dizer o acontecimento propício é um dizer que fala de um modo distinto ao que correspondem os ditos de uma proposição enunciativa, ou seja, um dizer que constitui um ato. É o que Lacan no seminário R.S.I. denominou "dizer do ser". Interroga-se aí por um efeito de sentido real, o qual é contraditório com a localização do ponto do sentido no nó, resultante fundamentalmente do recobrimento do imaginário e do simbólico, aos quais ex-siste o real. Entretanto, é exigível que o discurso analítico produza um efeito de sentido real.

Dizer, que o ser se diga, implica um ato de extrema complexidade, ato que sendo da ordem da linguagem não se esgota, contudo, na revelação do significante, posto que supõe ao mesmo tempo o silêncio e o ocultamento. Para que o sujeito chegue a saber qual é o nó não somente terá que obter um sentido, mediante uma junção entre o imaginário e o saber inconsciente, mas que terá que fazer, por sua vez, outra junção entre o que é sintoma e o real, aprendendo o analisante, deste modo, a suturar o sintoma com o real parasita do gozo: "tornar esse gozo possível é o mesmo que ouvir um sentido: J'ouis sens" (Seminário O sintoma).

O dizer do ser, o que faz nó, resultará da confrontação do sujeito com os modos de *semblar* do objeto (a) nos correspondentes pontos de gozo que se põem em jogo numa análise. Enquanto o objeto (a) só se faz presente como semblante em cada um dos ditos pontos de gozo, porá a cada vez de manifesto uma impossibilidade, a de franquear o limite para transcendê-lo e completar assim a experiência de gozo, tornando-a absoluta.

Convém explicar brevemente como se entende nesta exposição o processo analítico. A transferência é impensável sem o sujeito-suposto-saber. O algoritmo do S.s.S proporciona o sentido da transferência, estando o dito sentido ligado ao significante. Porém, a referência que corresponde ao objeto (a) não aparece desde o começo. Ainda quando a referência do discurso opera, desde o mesmo momento em que se instala a transferência, é ainda uma referência latente. Assim, a experiência da análise, desde a entrada e mesmo até o final, terá sentido e referência. Se o algoritmo do S.s.S dá o sentido da transferência, por outro lado a produção da diferença absoluta que anima o desejo do analista mostrará, no final da análise, qual é a referência do discurso. O analisante transitará assim da dupla suposição da entrada à suposição de um saber e a imputação de um sujeito a esse saber, a destituição subjetiva em relação ao desejo do analista. Em outros termos, realizará uma passagem de um saber suposto a um saber assegurado. Porém se um saber suposto conduziu a uma destituição... o que é, então, o que sabe o analisante? Onde o conduz o esmagamento do falo próprio da experiência?

A resposta a estas perguntas encontra-se em *L'Étourdit*. O final da análise assegura a um sujeito o saber que: é impossível a relação sexual: é impossível dizer nada sério (limite da série) sem tomar sentido do cômico: é impossível chegar ao real sem anular a significação. Em função destas três diz-mensões do impossível, tal como se desdobram no sexo, no sentido e na significação, o sujeito "saberá" fazer-se a conduta que lhe convenha.

Estas três impossibilidades a que chega o analisante ao final de sua análise, formuladas por Lacan antes de localizar as diz-mensões no nó, dizíamos que ressoam nas três impossibilidades de absolutizar o gozo segundo tenha sido situado nos três pontos de gozo.

Em conseqüência podemos sustentar que o acontecimento propício consiste em um dizer que revela cada vez a impossibilidade: "esse é o dizer do ser", resultante de haver-lhe dado tempo, um tempo propriamente dito.

III

Estratégia, tática e política no tratamento

No Fio das Sessões

Jacqueline Dhéret

Os textos reunidos em *A técnica psicanalítica* recobrem um período de elaboração no qual Freud assenta a transferência como conceito fundamental para a psicanálise. As precisões que ele fornece respondem então à necessidade de estender os ensinamentos técnicos da direção do trabalho, ligando-o com o lugar do analista que se ilumina com uma nova luz.

Libido e inconsciente no tratamento

Lembremos brevemente o obstáculo epistêmico posto em xeque por Freud. Em um primeiro momento, ele havia postulado que a causalidade em jogo na neurose era independente dos dois protagonistas. A sessão, a direção do trabalho eram reconduzidas a uma série de manobras ativas. O tratamento resultava então em contrariar a amnésia infantil, forçar a rememoração. O passo seguinte deveria permitir-lhe considerar a inércia instalada no coração do sistema, levar em conta a tenacidade com a qual o sujeito fica ligado às fontes de prazer que foram as suas. Esse ponto de articulação da sexualidade e do inconsciente, qualificado por Freud como o mais íntimo,[1] inscreveu-se doravante no coração do tratamento. Ele exigia, em retorno, uma formulação da técnica, uma diminuição do otimismo terapêutico, um retorno às sessões interrogando-se o lugar do médico no processo. As sessões tornavam-se "fatias da vida real".[2]

Uma observação em "Recomendações aos médicos"[3] reteve minha atenção. Freud aí situa a transferência positiva do lado do que, do inconsciente, pode passar ao saber. Ele acrescenta que a parte da libido que resiste à mudança psíquica, se fixa sobre o médico. Situemos do lado da transferência positiva, a constituição da cadeia significante, seu desdobramento. Jacques Lacan nos ensinou que a satisfação do analisante não vem somente do deciframento e das interpretações endereçadas ao sujeito dividido pelo significante, pelas formações do inconsciente. Ela depende também do que, no significante, se desdobra como eco da demanda e da metonímia do desejo. É o passo que Freud reconhece ter errado com Dora e que conduziu sua saída do tratamento. Segundo Freud, a transferência negativa provém da libido não integrável à cadeia significante, de tudo que, na linguagem, fez trauma. O que vem no lugar daquilo que do sujeito é indizível, se transfere para o médico e se manifesta como desprazer. Freud insiste sobre a distinção dessas duas fontes e descobre que a experiência da psicanálise consiste em seguir o movimento da libido.

Freud inscreveu a repetição no coração da experiência analítica. Devemos a Jacques Lacan a demonstração de todo o alcance dessa mudança de perspectiva. A transferência não está ligada somente àquilo que insiste como encontro marcado no significante. Ela inscreve a realidade sexual no inconsciente. O real do qual o analista se ocupa não é, portanto, independente do encontro. Ele exige esta presença real dos corpos, este ponto fixo constituído pela sessão.

Jacques-Alain Miller lembrava em Arcachon[4] que a oposição do sentido e do gozo, sobre o qual ele insistiu no seu curso, não deveria conduzir-nos a uma leitura demasiado sistemática dos fenômenos clínicos. Ele atraía nossa atenção sobre o fato de que Jacques Lacan estivesse, ao contrário, interessado em indicar como os fenômenos de gozo se articulam no simbólico. Para o neurótico esse gozo arruinador está incluído em um aparelho de sentido. Este não é o caso do psicótico que faz valer uma desintrincação e procura uma solução para o gozo que não é limitado pela significação fálica. As manifestações do analista, no caso da psicose, o lugar que ele vem a ocupar na transferência visam reconstruir um Outro do endereçamento, o que não ocorre sem que se produza uma nova amarração do gozo com os significantes dos quais o sujeito dispõe.

Singularidade de uma amarração do gozo com os significantes

Eu me esforçarei, com Damien, em apontar o ponto transferencial que lhe permitiu traçar um novo destino ao seu gozo. Sua solução me interessou porque ela ilustra de que modo a transferência como presença real do analista pode vir a fazer nó a partir de um ponto de fixidez que concerne à sessão. Com efeito, há doze anos que consinto no que se apresenta para Damien como uma necessidade subjetiva, tornando possível nossos encontros: recebê-lo de madrugada. É o ponto de estofo construído a partir do tratamento e que permitiu a Damien inscrever-se na vida.

Nosso primeiro encontro data dos seus dezesseis anos. Ele estava então hospitalizado em função de uma grave crise de psoríase e seus familiares insistiam para que ele viesse ao meu consultório numa ambulância. Eu não me posicionei a favor disso; encorajei-o a me chamar se ele desejasse e assegurei-o de minha disponibilidade quando ele estivesse melhor. Um sonho narrado por ele no momento de uma segunda conversação telefônica, da qual ele havia tido a iniciativa, respondeu a essa mudança: o mundo estava destruído por um estado de guerra generalizado; ele deveria encontrar uma solução para o que se anunciava como o apocalipse. A saída se mostrou lingüística: seu sonho havia lhe soprado uma palavra que, por não existir na língua, contraía valor de nome. Ele me pede simplesmente que a recolha, tomando nota. Seu estado somático melhora muito rapidamente, permitindo-lhe retomar seus estudos e vir às suas sessões. Podemos então fazer valer a operação significante proposta pelo sonho como um sintoma, consideradas suas conseqüências sobre o gozo do sujeito. Um sonho conectou o inconsciente desse sujeito e a pulsão.

Tornou-se possível indicar a que respondia a doença somática: ela interviera após a aparição quase alucinada de uma moça, que havia surgido um tanto brutalmente numa curva de um caminho no campo, onde ele esperava estar sozinho. No momento em que cruza com ela, ele diz para si mesmo que uma vez desaparecida de seu campo de visão, ele deveria voltar-se e possuí-la. Na falta de um cenário imaginário, portanto de um arranjo significante para "reter a carência de seu desejo no campo do ato sexual",[5] a interpretação delirante — violar uma mulher — constituiu a resposta. Ele procurava um entrave a esse imperativo.

No ano anterior, ele já vestia as vestes do amedrontador. Foi assim que, no anonimato propiciado pelo fim do dia, fundido na paisagem da grande cidade, ocorria-lhe seguir uma moça. Seu gozo consistia em manifestar uma presença discreta, somente para assustá-la. Ele ficava aterrorizado pelo pensamento de que ela se voltasse e que ele fosse assim extraído do anonimato da sombra. Aos quatorze anos, ele havia provocado um certo pânico no seu colégio, dirigindo uma série de cartas anônimas a uma colega de classe que se aproximara dele um pouco.

Sigamos a lógica dos trajetos desse sujeito que não dispõe da castração para abordar o fenômeno pulsional, mas testemunha uma atividade sexual: ele faz transitar pelo Outro, cujos contornos se desenham na mulher, um "ver-se". O ponto de castração, ser cego, é transferido para uma moça, mas ele se torna escravo da necessidade de segui-la. Ele se emparelha com a moça que não deve se voltar para ver a existência que causa seu terror. O momento problemático seria aquele em que, perdendo o suporte da sua construção, ele mesmo emergiria como olhar. É isso que estaria em perigo de se realizar na cena do passeio onde, no espaço e lugar da mulher, ele teve que lutar contra o imperativo de se voltar. Ele então tomou corpo graças à psoríase.

Tratava-se, portanto, de não deixá-lo desaparecer na paisagem da floresta ou na da grande cidade, de agarrar os discretos signos da presença do sujeito, de empregar uma estratégia interditando-o de se fazer "corvo".

Atualmente, Damien abandonou a tentação de mergulhar na sombra que ameaçaria engoli-lo. Ele vai bem, mas prossegue em seu trabalho pois, a cada dia, ele deve construir o presente que lhe permite não se voltar. Ele avança e dispõe para isso, segundo seus dizeres, de três fios que traçam seu caminho:

— A lingüística, que se tornou sua ocupação. A universidade lhe convém assim como o domínio da pesquisa, bastante avançada, na qual se especializou. Sua atividade de engenheiro permite-lhe não aparecer no primeiro plano das publicações, recolher os dados.

As representações de papéis, praticadas por ele desde o começo de sua análise. Nesse domínio, fez uma reputação de mestre e escritor particularmente hábil. Ele não cria os cenários porém "mestreia" as sessões que reagrupam os jogadores. Um dos jogos do qual ele me fala regularmente já dura onze anos. Ele lhe deu, no fio dos anos, uma outra aparência. Certamente, ele respeita o que ele chama de protótipo: os dados de partida, as grandes linhas do cenário que consistem em organizar e limitar as características, porém ele se afastou de um tipo de direção que consiste em fazer aplicar as regras. Por isso, ele não é mais obrigado a ser o garante da referência. Ele criou um misto, entre tendência dissimulada e jogo de ambiência. O mundo, as ficções que o sustentam, se desembaraçam das ações conjugadas dos jogadores. Ele guia o jogo, sessão após sessão, em função do estilo de mundo que o jogo constrói. Portanto, ele se afastou da tentação de se fazer mestre da linguagem: ele adapta, ajusta, enriquece em função da inventividade dos jogadores.

— O terceiro fio é o de sua análise, na qual ele vem assegurar-se, lá também, sessão após sessão, que seu mundo se mantém.

— O quarto fio, eu o situo do lado do que retorna sempre ao mesmo lugar, sem que a análise jamais toque ali, diretamente: nossos encontros no romper da aurora. Consideramos esse traço transferencial como uma assintota evitando concluir sobre um "eu sei".

Sem dúvida, é graças a essa amarração que o gozo pode ficar localizado na sombra e o sujeito, dela se extrair.

A Sessão Analítica como Sintoma

Ram Avraham Mandil

Primeira entrevista marcada, e eis que B. não comparece. Num telefonema, explica que havia se dirigido ao final, e não ao início da avenida, onde o consultório está localizado. Nova sessão é marcada, e B. chega bastante atrasado, dessa vez com a seguinte justificativa: um colega havia lhe dito que, de sua casa até o consultório do analista, levaria 40 minutos. A partir dessa observação, B. lança um "desafio" a si mesmo, como sendo capaz de chegar até a sessão em 25 minutos. Não consegue, o que não é considerado um fracasso, mas, antes, um relançamento do "desafio" a ser transportado para a próxima sessão.

Na ausência de qualquer intervenção, é certo que B. iria prosseguir indefinidamente com o seu exercício pedestre do paradoxo de Zenão. Poderia percorrer os mais variados caminhos de onde partisse até o local da sua sessão, todos eles, no entanto, deixando uma margem de atraso em relação ao horário da sua sessão.

Perspectivas da série dos "sim" e dos "não"

Esse modo de apresentação de B. ao consultório sugere que, antes mesmo de encontrar o seu analista, as sessões analíticas já estavam enlaçadas numa estratégia de aproximação, na qual, por insistência, delineia-se o encontro reiterado com o não-todo.

Estamos falando aqui da sessão analítica como uma escansão no tempo, ou ainda, como um ponto fixo em torno do qual um analisante, antes mesmo de apertar a mão do seu analista, faz girar sua estratégia sintomática. Trata-se de destacar essa dimensão "global" da sessão, tomada como uma inscrição no tempo e no espaço, entrelaçada a um sintoma — no caso, o "desafio" de B. — antes da instalação do ser falante no que poderíamos pensar ser o enquadre da experiência.

É certo que os atrasos de B. têm para ele um valor significante, inseridos que estão no desafio pelo qual pretende suplantar o vaticínio do colega. É certo também que a dimensão da falta no Outro se faz presente através da figura do analista em espera de seu analisante, ainda que deslocada para um segundo plano em função dos giros produzidos em torno das sessões.

Esse pequeno intróito com o qual B. pretende iniciar sua análise pode ser lido na vertente da série dos Sim e dos Não, com a qual poderíamos condensar, num só golpe, as estratégias de um sujeito em relação à sua existência: "*dizer Sim ou dizer Não basta para dar uma orientação: a orientação lacaniana é uma série de Sim e de Não; o que chamamos de uma vida pode se resumir a uma tal série.*"[1]

Essa tese de Jacques-Alain Miller, que encontramos na "Introdução ao impossível de suportar", pode ser comprovada, por um lado, mediante uma rápida pesquisa nas prateleiras dos livros de auto-ajuda que hoje povoam as livrarias deste nosso fim de século. À esquerda, um manual de superação do sentimento de culpa nos ensina "*How to say no and not feel guilty*" ("Como dizer não e não se sentir culpado"); a seu lado, deparamos com o que parece ser a sua versão cínica: "*How to say yes when you mean no*" ("Como dizer não dizendo sim"); mais adiante, "*Boundaries: when to say yes, when to say no, to take control of your life*" ("Limites: quando dizer sim, quando dizer não, para assumir o controle da sua vida"), anunciando que a esperança de controle sobre a divisão subjetiva está no domínio da série do Sim e do Não.

De um "não" a um "sim"

Seguindo a perspectiva do Sim e do Não sugerida por Miller, podemos tomar a orientação lacaniana da análise como o que, a grosso modo, orienta as modalidades de negação do campo subjetivo em direção a uma abertura para as variadas formas do Sim.

Se é necessário reconhecer um consentimento inicial do analisante no momento em que procura a análise, isso não deve nos fazer ignorar que o espaço da sessão analítica é, na verdade, dominado pelo Não, segundo as suas mais diversas e sutis formas de apresentação. A série do Sim e do Não permite, desse modo, vislumbrar os batimentos que acompanham o roteiro da experiência: o Sim e o Não simultâneos da histeria; o Sim tímido da neurose obsessiva, logo tragado pelo Não; e a ausência de um Sim inaugural cujos sinais nos chegam, nas psicoses, através do Não radical da forclusão.

Nesse sentido podemos entender que a série de desencontros entre B. e a sua sessão fazem parte de uma prática de negação que supomos ter sido posta em marcha desde o momento em que marca a sua primeira sessão. Sabemos da variedade de formas de negação que recobrem o campo da sessão analítica e talvez seja útil distinguir as negações marcadas por um não comparecimento à sessão — que implica a subtração de um corpo — daquelas em que a negação se inscreve diretamente ao nível da fala, desde o silêncio e o mutismo, até as formações da denegação e do recalque.

Nesse sentido, tanto quanto o caso de B. pode nos mostrar, a sessão analítica está situada ao nível do sintoma. Esta é uma das razões pelas quais ela também participa, do lado do sujeito, de um dizer Não ao impossível de suportar, se tomarmos o sintoma como uma estrutura de negação ao que o sujeito experimenta como insuportável.

À luz da oposição entre sessão-conflito e sessão-laço

Pensar a sessão analítica como um vetor que parte de um dizer Não em direção a um dizer Sim, implica pensá-la também como um campo de exercício da "negação da negação", de modo a dar lugar para a série variada das formas de dizer Sim. Jacques-Alain Miller, nesse mesmo artigo, nos apresenta uma pequena galeria das figuras do Sim passível de ser encontrada na experiência analítica: assunção, consentimento, resignação, reconhecimento, revelação, renúncia (a *Versicht* freudiana), todas elas versões mais ou menos satisfatórias de um consentimento à "falta-a-ser" e ao que surge como sua contrapartida, ou seja, a redução do sintoma à sua consistência libidinal.

Tomar a sessão analítica pela série do Sim e do Não é também pensá-la a partir de uma oposição, o que, de certa forma, acentua a dimensão de conflito da experiência. Trata-se, na verdade, de uma dimensão que Freud, desde o início, soube reconhecer. Os "Artigos sobre técnica" podem ser lidos como um roteiro que visa alertar e orientar o analista para um confronto com tudo aquilo que se interpõe ao trabalho de rememoração e de perlaboração. A noção de "neurose de transferência", como repetição e atualização dos conflitos, aponta para a sessão analítica como o local privilegiado para um novo encontro marcado com o sintoma.

É nessa perspectiva que a sessão analítica será comparada a um campo de batalha, a "*uma luta entre o médico e o paciente, entre o intelecto e a vida pulsional, entre a compreensão e a procura da ação*",[2] luta essa a ser travada no campo da transferência. Se esta impõe dificuldades ao analista, é ela também que assegura não se tratar de uma luta contra uma sombra ou contra um cavaleiro inexistente. Espaço sujeito a surpresas, como a de "*um princípio de incêndio que se irrompe durante uma representação teatral*", ou a situações inesperadas, em que "*um espírito dos infernos*" pode ser invocado, a situação analítica exige do analista um preparo suficiente (através da sua própria experiência de analisante) capaz de permiti-lo, diante da primeira situação, "*manter o controle sobre o tratamento analítico*" e, diante da segunda, uma vez confrontado com um desses "*espíritos*", ter a perspicácia de ao menos lhe fazer uma pergunta, antes que ele retorne às profundezas do inferno.[3] Se as metáforas freudianas da sessão analítica nem sempre estão revestidas de dramaticidade — a sessão também se compara a um "*nobre jogo de xadrez*" (cf. "Sobre o início do tratamento") — no entanto, é sempre pela dimensão de um conflito, de um confronto que ela se define na perspectiva freudiana.

Talvez essa seja, realmente, uma dimensão ineliminável da sessão analítica, a qual podemos aproximar da série do Sim e do Não sugerida por Jacques-Alain Miller.

***

Jovem recém-formada, C. dirige-se ao consultório do analista com um pedido de análise algo nebuloso. Passado algum tempo, seu analista já não sabe mais o que fazer, de modo que essa análise pudesse tomar um rumo diferente da oscilação entre um relato contínuo dos acontecimentos de seu dia-a-dia e uma constante verificação dos sinais de amor ou de rejeição que porventura lhe chegam do analista. A associação livre converte-se numa seqüência de significantes onde não parece haver margem para a emergência, por retroação, de qualquer efeito de significação capaz de produzir ressonâncias para o sujeito. Toda escansão se mostra infrutífera, toda interrupção da sessão sobre um ponto aparentemente relevante não parece repercutir sobre as sessões subseqüentes. Não há qualquer retorno sobre uma fala anterior, a partir da qual o sujeito pudesse reconhecer-se como um efeito, nenhuma intervenção consegue produzir uma perspectiva sobre aquilo que foi dito. A outra face da sessão está inteiramente recoberta pela demanda de amor, uma demanda, via de regra, que busca reduzir toda fala do analista a um valor de Sim ou de Não, pelo qual a analisante irá medir, seja a correspondência ao seu amor, seja uma rejeição desesperadora: "Você gosta de mim, sim ou não?", "Você vai me abandonar, sim ou não?". Se há lugar para se pensar aqui a série do Sim e do Não ela se mostra, agora, inteiramente subjugada às exigências absolutas do amor. Frustrado, seu analista imagina que talvez tenham sido as suas concessões as responsáveis pelo que parece ser um desvio em relação à boa estrada da análise. Tenta, em vão, recuperar as rédeas, apelando para o que supõe serem as regras de um bom funcionamento das sessões. Prestes a desistir, escuta da paciente: "*você não vai tirar a minha análise, pois aqui é minha âncora, o meu suporte*". Identificado às dificuldades experimentadas pelo "Monsieur P., psicanalista", tal como descritas por Jacques-Alain Miller em "Contra-indicações ao tratamento analítico",[4] seu analista desperta para a possibilidade de se pensar a sessão analítica numa perspectiva distinta daquela de um espaço do conflito.

O quadro e seu enquadre

Uma passagem do comentário de Jacques-Alain Miller a respeito de "O caminho da formação dos sintomas"[5] de Freud, é valiosa para pensar a sessão analítica numa dimensão diferente daquela de um espaço de conflito. Em seu comentário, Miller estabelece um contraste entre a clínica de Freud, onde o conflito é essencial, e a clínica dos nós de Lacan, muito mais uma clínica de enlaces do que de oposição, onde a solidariedade dos registros sobressai em relação a seu eventual contraste.

Essa distinção estende-se, também, sobre a concepção do sintoma. Se, com Freud, o sintoma é o resultado de uma formação de compromisso entre forças conflitantes, na clínica borromeana de Lacan o que fica ressaltado é a sua dimensão de sustentação da realidade psíquica, no qual um real de satisfação conflui com o seu sentido.

Essa perspectiva sobre o sintoma, desenvolvida por Lacan a partir dos anos 70, nos oferece a oportunidade de considerar a sessão analítica não apenas como uma experiência com forças conflitantes, mas também de poder tomá-la como inserida nas soluções sintomáticas, nos rearranjos através dos quais um sujeito busca reordenar o seu mundo perante as inconsistências do Outro.

Na verdade é preciso estar atento para o fato de que, se a sessão analítica, enquanto sintoma, pode ser entendida como o que contribui para a circunscrição daquilo que o sujeito experimenta como um gozo, como uma satisfação excedente, ela também pode ser captada como causa de sofrimento, ou seja, reconhecida pelo sujeito como o que produz o excesso. A noção freudiana de "reação terapêutica negativa" nos alerta para essa dupla dimensão da incidência dos significantes sobre o gozo: de um lado, um efeito de mortificação, pelo qual o sujeito busca uma circunscrição daquilo que ele experimenta como desprazer; por outro lado, o efeito inesperado, paradoxal, dessa função, quando a causa desse excesso é localizada na própria experiência de análise.

É nesse contexto que podemos entender a necessidade da promoção da estrutura do *Witz* tanto em relação ao final de análise quanto ao dispositivo do passe. No *Witz* trata-se de uma transmissão que se apóia sobre uma relação particular entre a palavra e o gozo, uma relação que está além dos efeitos de mortificação do gozo pela palavra. Trata-se muito mais de um "savoir-faire" com a palavra, comprometida com a produção de um gozo circunscrito mas não mortificado pela dimensão simbólica. Este seria o pano de fundo a partir do qual poderíamos fazer a leitura do "saber lidar com seu sintoma", uma das fórmulas com as quais Lacan associou ao final de uma experiência de análise.

Nesse sentido, cabe interrogar se, no tempo do Outro que não existe, não estão dadas as condições que favorecem cada vez mais um uso da sessão analítica na perspectiva do sintoma — não como efeito de sentido — mas como ancoradouro, como ponto de capitonê a serviço da preservação de uma continuidade na vida do sujeito.

Nessa acepção, a noção de enquadre pode ganhar aqui um novo sentido. Se ainda é possível falar de enquadre em relação à experiência analítica, ele não deve entendido como o conjunto de medidas necessárias para garantir o bom desenrolar da análise, como um instrumento a serviço do reinado da regra, de preferência regulado por um contrato.

Se há lugar para se falar da sessão analítica como um enquadre, ele decorre da própria clínica borromeana de Lacan. O sentido de enquadre que nos interessa aqui é aquele que Lacan menciona ao referir-se à escrita de James Joyce. A partir da anedota do quadro de Cork,[6] Lacan observa que há, na escrita de Joyce, uma relação permanente entre o enquadre e aquilo que é enquadrado. Isso pode ser detectado seja ao nível da relação entre a forma de seus relatos com o conteúdo (como em *Ulysses*), seja ao nível do significante que, em *Finnegans Wake*, estão sempre "recheando o significado". Essa relação entre o enquadre e aquilo que é por ele enquadrado testemunha o caráter de sintoma, ou sinthoma, da escrita joyciana, pelo qual a materialidade do enquadre é atingida através de uma prática de escritura que sacrifica o sentido em nome de uma consistência literal da libido.

Nesse sentido torna-se relevante interrogar se, nas situações em que o sujeito não parece "*fazer a experiência de si mesmo como corpo parasitado pela fala*",[7] não estamos na dimensão da sessão analítica em que o enquadre não se produz a partir dos efeitos de sentido, mas, antes, a partir dos efeitos de letra, na medida em que esta, na perspectiva da clínica borromeana, pode ser o suporte mesmo do enquadramento.

Nessa perspectiva, nosso interesse volta-se para o que poderia estar no cerne da sessão como sintoma. Nesse momento, a presença do analista surge como uma dimensão ineliminável. Em "A direção do tratamento", Lacan chama a atenção sobre o que, dessa presença, deposita-se na forma de um pagamento: presença de palavras (em seus efeitos de interpretação); presença de pessoa (no que a "persona" conflui com o corpo) e presença de uma ação (orientada em direção ao cerne do ser).

Nesse sentido a presença do analista, retomando a série do Sim e do Não, é a presença de um Sim, do qual é necessário distinguir a sua dupla dimensão: trata-se de um Sim de valor agalmático, que se depreende da presença de uma falta no Outro; e também de um Sim pelo qual o analista se presta à encarnação de um objeto, em torno do qual um sujeito terá a chance de fazer a experiência de sua falta a ser e extrair daí as suas conseqüências.

O Novo

Daniel Roy

Pode-se esperar que cada sessão de análise traga o novo? Será isso natural? E nesse caso, de que ordem é esse novo? Qual o seu modo de inscrição e que estatuto assume para o analisante? Eis as questões às quais desejaríamos trazer alguns elementos de resposta. Somos encorajados nessa via pela posição bastante determinada que Lacan assume a esse respeito em *Televisão*: "Ora, o discurso analítico promete: introduzir o novo (...) esse novo é transcendente: a palavra deve ser tomada (...) matematicamente. Donde não é por nada que ele se sustenta com o nome de trans-ferência".[1]

Por várias vezes, Lacan em seu ensino enfatiza a radical novidade da transferência e a necessidade de situá-la no centro da operação analítica: é pela transferência que o novo pode surgir no inconsciente, na pulsão, na repetição, pois, como especifica Lacan a partir de *Televisão*: "é o atributo do paciente, uma particularidade".[2] A transferência considerada como uma particularidade assume agora o mesmo lugar que um número transcendente em relação a um número algébrico, ou seja, este não tem relação com aquele: trata-se de garantir à transferência sua heterogeneidade radical em relação ao campo em que ela se desenvolve, o do amor. Da mesma forma que um número transcendente é um número, o amor de transferência é um amor verdadeiro — é o que Freud demonstra sem ambigüidade em seus escritos sobre a técnica psicanalítica — e no entanto radicalmente novo. Assim, esse novo não tem relação com o novo que o analisante eventualmente reivindica ou de que se queixa, que espera ou teme. Faremos a hipótese de que o trajeto de um tratamento equivale ao esforço de defesa do sujeito diante da novidade radical da transferência, defesa que se desenvolve nos três campos do inconsciente, da repetição e da pulsão, e de que cada sessão é o teatro desse confronto.

Uma sessão

Partiremos de uma sessão escolhida não "ao acaso", mas "fortuitamente" no "material" do dia precedente à redação deste texto.

Este analisante está atualmente num momento de grande mudança em sua existência: ele acaba de ser pai, de "fundar uma família" e se dedica à construção do telhado que ele se propõe a realizar com suas próprias mãos para acolher essa nova família. Acreditando assim se contrapor a todos os seus ideais anteriores de marginalidade social, ele se aproxima tangencialmente da posição de seu pai, a que ele constata, mas sobretudo da posição que comanda sua fantasia, a de ser o cavalheiro das mulheres, respostas através da identificação e da fantasia que vêm tentar obturar a brecha aberta pela paternidade real. Na sessão precedente, ele se dera conta com surpresa de que era preciso estabelecer uma clara distinção entre os momentos de separação de sua mãe quando ele era criança, momentos até então associados a uma catástrofe subjetiva: havia de fato uma diferença radical entre os momentos em que ele próprio partia e aqueles em que sua mãe o deixava, apenas estes últimos desencadeando uma grande desordem. O que ficou então claro para ele foi a ligação entre a posição de impotência que ele manifestava em sua existência e sua recusa em pensar na castração materna, na falta do Outro, auxiliado pelas manobras ativas da mãe.

A esse momento de "abertura" do inconsciente vai corresponder na sessão seguinte o relato de um sonho: "Tive um sonho estranho. Numa cidade, fui encarregado de encontrar o seu centro com um aparelho. Eu o encontrava, era uma espécie de palácio muito antigo. Ali havia uma espécie de rei exótico, que me convidava para o palácio e me tomava sob sua proteção. Era uma espécie de buda, que lembrava as estátuas pelos vários braços; ele discutia comigo em um tom brincalhão, dizendo que havia correntes de ar e que ele queria restabelecer as ligações. Depois o céu escureceu e vai cair uma grande tempestade, mas não há perigo para nós, visto a proteção do palácio. É um ciclone e estamos no olho dele. Um guarda me conduz a um bar, também bastante exótico, para buscar uma encomenda: ali há mulheres e, para entrar numa sala, é preciso fazer amor na soleira com a mulher que toma conta dessa sala. (...) Havia um outro sonho, que também se passava numa corte real; havia minha prima e eu tentava ter relações sexuais com ela, mas era preciso ser discreto."

O novo no inconsciente

Nos perguntamos então se o novo se introduziu no inconsciente durante essa sessão, ou melhor, se o inconsciente se manifesta aqui como um "achado" num momento de "tropeço, de desfalecimento, de falha",[3] tal como Lacan define a novidade radical do inconsciente freudiano.

No próprio sonho, o que domina, é antes o inverso: sonho de transferência, o analista aí é chamado a um lugar de proteção, de garantia, figura benevolente, mas que não está protegida do insulto "grande rei!" e a tarefa parece ser mais a de "preencher as juntas" do que explorar novas significações, novo "material", como é possível ocorrer em outros momentos de uma análise.

No decurso de suas associações sobre o sonho vai surgir uma surpresa, em final de sessão, onde não era esperada. De fato, ele encontra facilmente "muitas analogias entre esse buda e o que se passa aqui" e explica que me vê "como uma pessoa erudita, que tem saber e, portanto, poder"

Intervenho então bruscamente sobre esse termo erudito: "Erudito, é um pouco antiquado!". Essa intervenção o transtorna, ele se agita e, manifestando seu desejo de sair, diz: "Só tenho um desejo, o de me levantar deste canapé!" Percebe então que o termo "canapé" é inadequado para designar o divã e gagueja: "É uma palavra de minha mãe." Interrompo a sessão nesse ponto.

O que então irrompe não é a figura complacente do buda protetor, mas a do mestre severo de quem ele se faria objeto sexual, posição fantasmática à qual ele estava aferrolhado durante os primeiros anos do tratamento, com a sustentação de sua posição infantil. O novo é o aparecimento, nesse tropeço "no canapé", do "convidado de pedra", que ele não havia convidado e não podia esperar. Nessa seqüência, a transferência é "uma encenação da realidade do inconsciente",[4] tal como Lacan a define, enquanto "a realidade do inconsciente é — verdade insustentável — a realidade sexual".[5]

O novo na repetição

Lacan enuncia paradoxalmente no seminário 11 que "a repetição demanda o novo",[6] contrariando o senso comum que vê aí o eterno retorno do mesmo, mas em seu seminário *O avesso da psicanálise* ele suprime esse paradoxo, especificando que "a repetição se fundamenta num retorno do gozo",[7] retorno que, por passar pelo significante, pelo traço unário, é sempre perda de gozo. Nesse ponto, nos diz Lacan, se articula um "mais de gozar a ser recuperado"[8] que o sujeito, na impossibilidade de suportá-lo com seu efeito de castração, vai decair em sua fantasia, "identificando-se como objeto de gozo".[9]

No quadro da sessão aqui evocada, o esforço do sujeito para manter o gozo no campo de um imaginário de transgressão, não lhe permite escapar dessa implacável lógica da organização do gozo pelo significante, indicada no sonho pelo direito de passagem sexual a ser pago aos "guardiães do templo". O segundo sonho vai efetivamente se revelar como uma tentativa de recuperação de gozo, como "falsa" repetição, no fio das associações do analisante. Seu primeiro comentário é de fato o seguinte: "Esse palácio era estranho, tinha um aspecto muito antigo, como as primeiras cidades (cités) (...)". Interrompo aqui, citando-o: "As primeiras citadas (citées)?" Ele estabelece então a ligação entre suas primas e os jogos sexuais que os uniam num pacto de silêncio, que há muito tempo constrange sua vida amorosa, e que ele só poderá romper pouco tempo depois. Nesse ponto, o analista, não aprovando o quadro "antiquado" de uma arqueologia psíquica, ao qual esse analisante se prestaria facilmente, lhe aponta o núcleo da repetição de que ele se faz objeto. Isto é novo. É novo que para ele se liguem num mesmo enunciado, sob o mesmo traço, "primeiras citadas", as construções do seu inconsciente, suas capturas fantasmáticas e a sempre "primeira citada", sua mãe, que ele não tarda a evocar nessa montagem.

O novo na pulsão

O campo da pulsão é precisamente delineado pelas associações do sujeito a partir do seu sonho: é o "olho do ciclone", a busca do "centro", que lhe fazem evocar um dos primeiros sonhos trazidos no tratamento, onde ele está sob o olhar implacável da câmera de seu pai, da qual ele não pode escapar. Esse pai, na realidade, extremamente impotente diante de sua mulher, localizava ostensivamente seu gozo no uso "incontinente" da câmera em todos os momentos da vida familiar. Que ele possa ser o objeto que satisfaz a pulsão escópica do pai o deixa num horror fascinado, que o levou, na época do sonho com a câmera, a uma aventura homossexual; essa fixação retorna aqui de "uma forma mais calma", explica ele. Não é menos verdade que ela lhe serve de tampão, porque se trata de uma fixação de gozo, se levarmos em conta que a pulsão só atinge seu objetivo ao "marcar sua presença",[10] o objeto sendo indiferente, abertura da pulsão que o traço perverso tenta em vão obturar.

O novo no campo da pulsão é aqui dificilmente esboçado, no movimento em que o objeto olhar se isola num primeiro tempo no "olho do ciclone", como centro vazio, falta que escava a tempestade e é seu motor. Que o sujeito deve ali advir, nosso analisante ainda não o sabe.

Como conclusão

É a transferência que amarra, que mantém juntos repetição, inconsciente e pulsão; é ela que a cada vez possibilita o surgimento, em cada um desses três campos, do novo. Esse novo tem a estrutura do clarão que, subitamente, revela ao sujeito que é nesse lugar que ele colocava sua demanda de amor, seus objetos pulsionais, suas imagens narcísicas, para tamponá-lo. A sessão é o lugar dessa amarração da repetição, do inconsciente e da pulsão pela transferência, a cada vez singular de acordo com a escansão terminal e as escansões intermediárias que, por repercutir nesse lugar, fazem "citações de gozo" para o sujeito, como pudemos observar em nosso analisante.

É preciso tempo para que o sujeito se confronte com as "primeiras citações" que o fizeram advir. Somente então o novo revela sua função de amarração sintomática. A sessão pode então se interromper quando o sujeito se sabe produto do saber inconsciente, dividido pela pulsão, organizado pela repetição significante.

Um Objeto Visado

Cristina Drummond

"Nossa posição no sonho é, no fim das contas,
a de sermos fundamentalmente aquele que não vê.
O sujeito não vê onde isso vai dar."
J. Lacan, Seminário 11

Dizemos que muitas vezes uma criança pode numa análise construir um sintoma que lhe seja próprio e que o retire da posição de responder pela verdade de seu par parental. Lacan nos ensinou, a partir do caso Hans, a ler o sintoma fóbico, que é infantil por excelência, como um sintoma que surge no tempo em que a identificação com o falo imaginário é abalada pelo surgimento de uma nova experiência de gozo para o sujeito. Em *Televisão* Lacan afirma que de uma análise se pode esperar saber algo sobre o inconsciente que determina o sujeito e que talvez a análise possa dar-lhe a possibilidade de uma construção e, quem sabe, uma nova eleição frente ao núcleo que lhe produzia horror.

As sessões de análise são marcadas pelo encontro com um Outro, e vemos as crianças tomadas em cenas repetidas, muitas vezes em torno de mitos, tentando circunscrever o real com o qual se depararam. O analista, ao pôr um fim a cada sessão, pode jogar com a escansão, reenviando o sujeito à próxima vez, o que lhe dá a chance de subjetivar sua história ou de advir à sua verdade. Se as sessões fazem série, isso se deve ao fato de que elas são interrompidas, cortadas pelo analista de acordo com o tempo da pulsão que não é organizado pela antecipação e pela retroação tal como o tempo do significante. Algumas delas devem ser tomadas como incluídas nessa série e ao mesmo tempo fazendo-lhe exceção por presentificarem de uma forma mais explícita o objeto condensador de gozo para o sujeito. De encontro em encontro, fazendo série, o sujeito pode ir localizando o mais íntimo de seu ser, dividido pela pulsão.

Gostaria de, a partir de um caso particular, refletir sobre a análise de um menino, que ao retomá-la pôde inscrever seu sintoma de uma nova forma. Esse relato se fará a partir dessas sessões onde o sujeito pode localizar de uma forma precisa sua relação com o objeto privilegiado em sua relação com o Outro: o olhar.

Foi a partir do delírio de perseguição que Lacan isolou o objeto olhar, e nem sempre é muito fácil distinguir esse tipo de fenômeno de uma fobia. O olhar aparece na dimensão de objeto quando ele é o olhar do Outro, rejeitado, que aparece no real. Desde quando introduziu o estágio do espelho, Lacan nos mostrou que o sujeito se experimenta como faltante e inaugura-se para ele nessa experiência uma parte de gozo que nenhuma palavra pode nomear. A imagem que o sujeito faz de si e que ele dá a ver é construída em torno de um buraco e é no mais próximo dessa falta que ele deverá se reconhecer. Ele deverá se reconhecer para além da identificação com o ideal, nessa parte de gozo fora do sentido e que não é possível ser captada no espelho. É impossível dominar o ponto no Outro de onde o sujeito se dá a ver e é olhado.

Em seu seminário sobre os quatro conceitos fundamentais, Lacan precisa que há uma cisão entre o que se vê e o olhar. A pulsão indica que o sujeito é visto, que existe um olhar dirigido para ele e que esse olhar está excluído do seu campo de visão. Esse olhar dá a medida da distinção entre o que é da ordem do imaginário e o que é da ordem do real, ordem na qual a pulsão se manifesta. Quando o sujeito sofreu a marca da castração ele não vê olhares no real porque se torna cego a eles. Se na vigília esse olhar está elidido ele pode aparecer no sonho. O olhar é o que não se pode ver, é invisível, e é em relação a ele que o sujeito deverá referir sua posição em relação ao Outro. No caso que vou relatar, recobrir esse olhar dependeu de um longo trabalho.

Júlio chegou à análise com 4 anos e com vários medos. A cena que marca o início de seus sintomas é a cena de um filme onde um príncipe fura uma enorme bruxa. Diante do que vê, ele interroga sua mãe sobre o que era aquilo e a partir da resposta que aponta o furo dessa figura materna, impossível de ser nomeado, e que ele não queria absolutamente ver, seus medos aparecem. Ele não suportava tocar em cabelos, pêlos, não olhava mais este filme que anteriormente lhe causava intenso prazer. Junto com isso, ele passa a ser invadido por pesadelos que o fazem acordar e ir todas as noites para a cama dos pais.

Num primeiro tempo da análise, Júlio construiu estórias de heróis fortes, de personagens paternos temíveis. Estava às voltas com a dificuldade de cair de sua posição de criança e de responder pela falta materna de uma maneira que não a imaginária. O trabalho desse sujeito nesse tempo foi o de construir uma resposta à questão do desejo da mãe fazendo apelo ao pai.

Fez exceção nesse tempo uma sessão que se seguiu ao surgimento de um novo sintoma. Júlio, em casa, começou a se queixar de que não estava enxergando nada. Os pais o levaram a um oculista que o encaminhara a um neurologista. Este, a partir de exames, concluíra que Júlio poderia estar com uma lesão no nervo ótico. Era uma situação de difícil avaliação porque só Júlio podia dizer se estava vendo ou não. Esse sintoma novo marcava uma posição de autonomia do sujeito e a presença do olhar novamente como objeto privilegiado por ele. Sua mãe me telefona apostando que talvez no encontro com a analista do filho a situação pudesse se esclarecer. Ele vem então acompanhado dela e me relata o que estava acontecendo. Diz como é que não estava conseguindo enxergar, e faz então uma hipótese, se dirigindo à mãe, de que talvez tudo aquilo tivesse acontecido porque ele tinha ido ao parque. Por que no parque?, pergunto. Ele diz que era porque lá ele tinha andado num brinquedo que parecia uma montanha-russa. A mãe então pôde associar que seu marido numa determinada ocasião tivera um descolamento de retina quando andava numa montanha-russa.

Essa associação é suficiente para que o sintoma se desfaça, mas o que é curioso é que ele inclui a mãe nesse processo de decifração, situando, a partir desse sintoma, a falta no olhar recaindo sobre a figura paterna. Pai, não vês...? Muitas vezes era também a mãe quem me trazia relatos de sonhos do filho e situações difíceis que ele tinha passado em casa, na escola. A cegueira, Freud nos ensinou a lê-la como conversão, como uma via de satisfação da pulsão pelo viés do recalque. O sujeito recusa a função do órgão para salvar seu desejo, e para se render à exigência pulsional de satisfação. Com Júlio, a manifestação da pulsão escópica é efeito de sua identificação com o pai que não quer saber da mulher para além da mãe, e, como ele mesmo me dirá depois, que viaja com os amigos, e deixa sua mãe sozinha... com ele. É a busca por parte do sujeito de tornar cego o olhar.

Um efeito importante desse primeiro tempo da análise foi o nascimento de um irmão, contrariando as expectativas, já que a mãe de Júlio já retirara cirurgicamente um dos ovários. Esse nascimento que foi vivido pelo sujeito com bastante ciúme também marcou sua queda definitiva da posição de bebê da mamãe. Entretanto, se o sujeito pode se deslocar dessa posição de preencher a falta do Outro materno, isso não bastou para responder à sua interrogação sobre o desejo da mulher que está para além da mãe.

Um ano depois nasce um outro irmão e Júlio, lidando dessa vez de uma maneira bem mais tranqüila e podendo situar esse bebê não mais numa posição de rival, conclui que se sente bem e que gostaria de interromper sua análise. Entretanto me diz que voltaria quando julgasse necessário ou seja, quando estivesse pronto para enfrentar esse mais além da mãe.

Dois anos depois, aos 10 anos, ele me telefona marcando uma sessão o mais cedo possível. Se ele volta é porque a solução de fechar os olhos é insuficiente para efetivar sua separação, operação que articula a falta do sujeito e a do Outro. Ele quer sair da posição de ignorância do que há mais além da aparência.

É então o momento dele mesmo formular sua demanda. Diz que tem medo de ser assaltado por pivetes, que tem tido muitos pesadelos e que quer ficar livre disso tudo, entender o que acontece com ele. Seus sonhos são sempre angustiantes e ele se vê neles sempre perseguido ou correndo risco de vida. A partir de seus sintomas, o sujeito fóbico é capaz de endereçar sua divisão a quem pode responder: as portas ao sujeito suposto saber estão abertas.

Júlio me diz que sempre pergunta, sobre tudo. "Quem tem boca vai a Roma". Se pergunta é porque constata a falta. No seminário 4, Lacan opondo o perverso ao fóbico diz que o perverso é um simples amante da natureza e o fóbico é um metafísico porque conduz a questão ao ponto em que há algo que falta. É por isso que ele pergunta. Ele questiona a natureza perguntando-se sobre o ser, sobre a castração.

Seus sonhos continuam muito angustiantes e neles ele se vê sendo perseguido ou correndo risco de vida. Se empenha muito em me contar o que pensa estar relacionado com os sonhos e os medos. Ao mesmo tempo fala de mudanças subjetivas, de "aventuras" que tem feito com amigos, traz seu *skate* para me mostrar suas manobras.

Ocorre então uma outra sessão fora da série, tal como a anterior.

Júlio chega muito angustiado me dizendo que tinha tido uma alucinação. Não era uma ilusão, ele não tinha se enganado como freqüentemente faz quando está num lugar meio escuro e pensa ver coisas por causa das sombras. Não, dessa vez ele realmente tinha visto uma mão. Pergunto o que ocorrera na noite, ele não se lembra de nada, só que tinha ido para a cama dos pais, coisa que não fazia há muito tempo, porque ficara muito assustado. Sustento a posição de convite à associação e ele então se lembra que tinha tido um sonho, não sabe se antes ou depois da alucinação. Sonhou que entrava num lugar onde haviam vários cadáveres pendurados em ganchos e que um deles tinha piscado para ele. Nesse instante ele é tomado de pânico, fica sem saber se ele era o culpado por tudo aquilo, e acorda.

Associa ao sonho um filme que vira há algum tempo, onde o herói entra numa casa e vê todos os membros de sua família mortos e pendurados tal como no sonho. No filme esse menino estava acompanhado de seu pai e quando este vê a cena, chora, e o menino sai. No sonho Júlio estava sozinho diante de tudo aquilo e a figura do morto que o olha fez um enigma para o sujeito. Seria ele culpado por tudo aquilo, ou seja, seria ele culpado por ter um desejo?

Já bem mais calmo, Júlio retorna então à alucinação e conclui que ela ocorrera depois do sonho e que devia ter alguma relação com ele.

Na sessão seguinte prossegue o trabalho de contornar esse encontro com o real e ele chama o ocorrido de "alucinação repentina". Conta que participa dos jogos na escola mas que tem que proteger as "mães" quando joga no gol. Se perder um gol ou errar no vôlei vai ser o culpado do time perder, e isso é o que ele não suporta. Culpado pela falta no Outro, por não proteger o Outro da falta, por ter um desejo mais além da mãe. Conta que sua mãe quer voltar a trabalhar, que ela tinha sido muito errada de ficar só tomando conta dos filhos (na verdade dele, que foi filho único até os 6 anos). Conta ainda que as mães dos alunos de seu colégio reclamaram das merendas servidas na lanchonete e que depois disso ele não poderia mais comer os salgados de que tanto gosta. Mães não podem suportar que os filhos desejem.

Diz que muitos de seus sonhos e medos estão relacionados com coisas que ele vê. Traz livros com imagens de seres fantásticos para eu ver. Um dia ele viu uma nave cortar o céu e seu medo de E.T. piorou. Se um dia ele vir um, vai morrer de medo.

Diz que agora, a única coisa de que ele tem fobia mesmo é de barbeiros. O uso preciso que ele faz dos termos alucinação, fobia, ilusão, denotam por parte desse sujeito um saber sobre o funcionamento de seu inconsciente que é efeito de seu trabalho analítico. Ele tem nojo dos barbeiros e se um por acaso pousar nele, ele acha que vai desmaiar. Além disso matá-los não resolveria nada porque o cheiro que ele exala piora. Barbeiro?, pergunto, essa palavra tem muitos sentidos. Ele concorda, e diz que pode ser o cara que corta o cabelo, o cara que dirige errado, mas que na verdade, o *seu* barbeiro é o *percevejo*.

É na falta do Outro que o sujeito encontra o equivalente ao que ele é. Fobia de percevejo é a forma que Júlio agora nomeia seu sintoma, localizando-o exatamente sobre a falta no olhar, no que não é apenas percebido mas visto e que ele recobre, veste, com um objeto. O sintoma fóbico é uma negação que o sujeito tenta colocar sobre o gozo mas que presentifica algo que o sujeito teme e deseja. No seminário sobre a transferência, Lacan nos ensina que a função do objeto fóbico é designar o gozo, o vazio no Outro. Nesse momento em que Júlio circunscreve sua fobia ao percevejo, vemos o objeto fóbico em suas duas vertentes, por um lado um significante e por outro um objeto que causa repulsa.

Perce...vejo. Há aqui a afirmação de que o sujeito goza pelo olhar. Essa circunscrição do gozo não deixa de ter efeitos de apaziguamento sobre ele. O desejo do analista implica um desejo de saber mais além do decifrável, aponta o saber que não se decifra mas que rege a série da cifra. Vemos aqui neste momento dessa análise o limite estreito entre a aparição da presença do significante e a castração, a relação íntima do desejo com o significante. Se o objeto não é capturado numa análise, ele pode ser visado. Dessa forma, busca-se obter uma mudança de posição do sujeito em relação ao gozo que ele recusava anteriormente. A solução que Júlio encontrou é uma forma de sustentar seu desejo para além do assujeitamento angustiante no qual ele é confrontado à falta do Outro. Poderá ele vir a articular um outro recurso?

A Bússola do Real

Christine Le Boulengé

Entre o homem e a mulher
Há o amor
Entre o homem e o amor
Há um mundo
Entre o homem e o mundo
Há um muro
Antoine Tudal[1]

Falar da sessão analítica, tal como nós a enfrentamos no cotidiano, implica falar da clínica. É a clínica, pois, que faz existir a sessão, não sendo esta senão a oferta feita por um, dito "psicanalista", de acolher a fala de um outro, dito "psicanalisante", com chance de resposta. Tomemos, pois, a sessão como um quadro vazio no qual, em conseqüência do acolhimento da fala e da transferência que ela implica, pode advir a abertura do inconsciente e a colocação em jogo de um gozo ininterpretável, cuja circunscrição e a extração constituem a operação propriamente analítica. Lacan nos mostrou como estes dois elementos, inconsciente e gozo ininterpretável, estão intimamente ligados, estabelecendo que o inconsciente trabalha pelo gozo e definindo o sintoma como "a forma pela qual cada um goza do inconsciente, uma vez que o inconsciente o determina".[2]

Ora, como ele observa em 1965, "o clínico deve saber que uma metade do sintoma é de sua responsabilidade".[3] Esta metade não é a parte interpretável do sintoma, ali onde ele toma sentido inconsciente. Isto porque, como estabeleceu Jacques-Alain Miller, em 1995, com sua tese "o inconsciente intérprete",[4] a interpretação não é o apanágio do psicanalista e ela não faz senão reforçar o sintoma como modo de gozo do inconsciente, como "sentido gozado". Resta, então, nos ocuparmos da parte de gozo ininterpretável do sintoma, parte silenciosa, ainda que, eventualmente, ela se manifeste de modo ruidoso, e obrigue o dito clínico a endossar uma certa inércia, um "eu não penso", opondo-se, por princípio, ao "eu penso" da elaboração.

Reinventar a psicanálise

Há, portanto, uma certa aporia em falar da sessão, da clínica a partir do lugar do analista: não se pode falar dela senão tomando, de algum modo, uma posição de analisante, cindido pelo que lhe causa. Esta aporia não nos autoriza a nos considerarmos livres do encargo de interpretar.[5] Partirei, então, de uma seqüência clínica construída sobre três sessões. Esta vinheta não chega a propriamente sustentar uma tese sobre a sessão analítica, mas, ao invés disso, ele tenta restituir sua própria textura, a que nos ensina e nos obriga, a cada sessão, a "reinventar a psicanálise",[6] tomando como única bússola, o real.

"Férias infectas", me declara este analisante no retorno das férias de verão, "por causa de minha mulher". Depois de muito tergiversar, ele acaba "entregando o ouro" num detalhe: "Naquela praia isolada, freqüentada por alguns naturistas, ela recusou-se a ficar nua. Ela permaneceu de calcinha." Eu corto a sessão no ponto dessa causa, assim colocada, da infecção das férias, cuja incongruência escapava totalmente ao analisante. A prudência me impõe o silêncio, mas não me impede de manifestar um ar extremamente preocupado a respeito do assunto. No final da sessão seguinte, eu digo a ele, em tom de confidência e sempre com o mesmo ar, que o que ele me dissera causou-me enorme preocupação.

Este homem, cuja oblatividade conjugal só se comparava à sua coleção de aventuras femininas, chegou à análise depois que sua última amante havia desestabilizado o equilíbrio responsável por sua boa saúde, denunciando sua fachada enganadora. "Eu sou um trapaceiro da vida", diz-me ele de saída, e "ninguém resiste a mim". Eis que ele me previne! A partir daí, ele começa a falar sobre a fidelidade conjugal, contando-me tudo, em detalhe, sobre a deterioração do casal que ele imputa à má vontade de sua mulher, o que não deixa de evocar o que comporta a fantasia do neurótico: "o ausentar-se lá onde é chamado a manifestar-se na conjunção sexual".[7]

Ele começa esta segunda sessão falando de sonhos sobre algo que há muito se repete: falta-lhe sempre uma parte de suas roupas, a parte de baixo, a cueca ou a calça. "Ah! Sua mulher conserva as calças dela e o senhor sonha que perdeu as suas!". Ele adiciona a isto que sempre viu seus pais nus e, desde cedo, constatou que a mãe tinha seios, que seu pai não os tinha, que sua mãe tinha um "triângulo de pêlos cacheados" e que seu pai, em lugar disso, tinha um sexo. A particularidade da enunciação que situa o ter do lado da mãe, explica a origem, neste naturismo parental, de seu intenso prazer de ver uma mulher nua, prazer a duras penas sublimado no gozo evocatório do blablablá: ele diz ter se tornado mestre na utilização, para fins de sedução, de certas palavras que evocam o sexo feminino, o tal "triângulo genital", que encerra a segunda sessão.

Dois sonhos foram o objeto da terceira sessão. Na primeira, uma mulher esfrega-lhe moluscos/moldes* entre as pernas. Ele experimenta com isso um prazer extremo. Os moldes são paralelepípedos retangulares e ocos, "moldes", porque permitem moldar um objeto "em negativo". Enfim, "molusco," designa incontestavelmente o sexo feminino.

Este belo delírio geométrico faz referência à castração materna e dá conta de sua posição no mundo: trata-se, para ele, com efeito, de moldar-se ao sexo feminino, interpretando a falta no Outro, pela suposição, neste, de uma demanda que ele se esgota tentando preencher. Cavalheiro servil, como Bel-Ami com seus moluscos e conchas, ele "paga a cota que a histérica exige, para seu próprio gozo".[8] Ele paga a cota deduzindo dela seu dízimo: é o contrabando revelado por sua última amante. E é a este contrabando que sua mulher se endereça: recusando sua cota, ela visa o dízimo escondido atrás de sua oblatividade. Através disso, ela assinala um mais além da demanda e do dom, ela assinala a castração. É isto que se torna, para ele, intolerável.

Um momento de despertar

O segundo sonho tem por enquadre um supermercado no qual ele se diverte muito saqueando tudo, enquanto as caixas se esforçam por salvar os bens. Este sonho é o inverso de sua vida cotidiana, na qual o que ele chama suas "obsessões" — pela propriedade, pela ordem, pelo não desperdício — o tornaram mestre na arte de acomodar os restos, e as incessantes reprimendas dirigidas à sua mulher, por conta de sua negligência e desenvoltura com respeito a esses assuntos,

---

* *Moules*, no orig. : moluscos, mariscos, formas ou moldes. (N.T.)

sobrecarregam pesadamente as contendas conjugais. A seguir, ele associa isso com uma frase de Freud — "seria preciso que os homens aceitassem que a perfeição não existe". Esta frase o desconcertou a ponto dele interromper sua leitura. Ele diz que havia se esquecido de falar sobre isto anteriormente. "É muito verdadeiro!", reconhece ele, para concluir que aceitar a inexistência da perfeição é, em suma, aceitar quebrar ou cometer incorreções, como ele faz em seu sonho. Não somente aceitar, mas encontrar prazer nisso: "É isto, a liberdade!".

A fim de dar um outro tom à libertação deste homem que lhe convida a saquear, eu corto esta terceira sessão resmungando entre dentes que o saqueamento não é, necessariamente, o antídoto para a perfeição, que saquear pode também consistir em querer tomar o controle da imperfeição, agindo como se ela dependesse de nós, o que torna a salvar a idéia de perfeição. Parece-me, a posteriori, que esta intervenção, destinada a contrariar a via da destruição, a careta do real, veio também confrontar uma identificação ao pai. Por pouco precisa e desastrada que tenha sido esta intervenção, ela não deixou de provocar efeitos nas sessões seguintes.

Ele perceberá, com efeito, pela primeira vez, a "desenvoltura" de sua mulher como a marca de alguma coisa nela que, malgrado ela mesma, escapa a ele e sobre a qual ele diz que jamais terá controle. "Em sua desenvoltura, ela não se endereça a mim. Ela faz coisas que não me dizem respeito. Por exemplo, ela me olha. Não, não é que ela me olhe, ela deixa cair seu olhar sobre mim. É isto: ela deixa cair." Ele reconhece que sua exasperação se dirige, sobretudo, a este ponto que faz com que sua mulher não seja toda dele. Dela, ele não terá senão este olhar, este "seja três vezes nada", que faz surgir, alhures, um espaço do qual ele está excluído e isto, seja qual for a vontade dela, boa ou má. Trata-se aí da estrutura do gozo fálico. Com efeito, como diz muito bem a *Manductio* de *Televisão*: "No encontro com (a), se é gozo feminino, o Outro ganha existência, mas não substância de Um" — donde seu mau humor, "um verdadeiro toque do real".[9]

Do Outro da demanda que exige sua castração, ao Outro do gozo que causa o exílio da relação sexual, o mau humor mudou de estatuto. Eis aí um momento de retificação subjetiva que corresponde a um momento de despertar.

É apenas um momento, mas que ele apreende construindo um primeiro esboço de sua fantasia, já que o gozo que ele extrai daí, vacila até na conjunção sexual. Ele entende, com efeito, que não se ocupa tanto de seu prazer, mas muito mais do prazer de sua parceira, a quem ele deseja completar. Entende também que se impede, de certa forma, o gozo sexual, tendo-o substituído pelo prazer de se ver — de se ver dando prazer, o que o sustentava, até então, no ato sexual. E isto não vai mais tão bem assim. Eis uma confissão do dízimo e de sua colocação em funcionamento na fantasia como lugar-tenente da relação sexual. Note-se que esta confissão se dá no momento em que a segurança provida pela fantasia falha.

Uma sessão é diferente da outra

Parece-me que esta série de sessões se organiza conforme a seguinte seqüência:

1. Desmentido da castração materna
2. Redução do Outro sexuado ao Outro da demanda que exige sua castração
3. Sonho de libertação pelo controle da castração
4. Intervenção contra esta solução no plano do Nome-do-Pai
5. Percepção de um mais além do gozo feminino
6. Vacilação da segurança garantida pela fantasia e testemunho disso

Esta seqüência se realça a partir de três sessões com efeitos nas sessões posteriores, efeitos pontuais que tornarão a se fechar, sem dúvida, em um novo giro. Entretanto, ela nos dá um apanhado da aposta desta cura. Escolhi apresentá-la porque ela me esclareceu sobre o fato de que, de sessão em sessão, de pequeno detalhe em pequeno detalhe, uma mesma lógica está operando, a das relações do sujeito com o real. O real é isto que espalha o fogo por toda parte — não o fogo quente, comenta Lacan,[10] esta máscara do real que faz o acaso tragicômico das cenas da vida conjugal, mas sim este fogo frio, "próximo do zero absoluto", que Lacan chama "exílio da relação sexual", do qual nós apreendemos apenas bagaços, como aquele olhar deixado cair.

Uma sessão não é a outra. Cada sessão declina uma versão da relação do sujeito ao real. O leque das cenas do mundo que vai do sublime ao ridículo, passando pelo trágico e pelo cômico,[11] este leque, os remanejamentos constantes dos enunciados, nestes "disse não sei o quê" da associação livre e a atenção aos pequenos detalhes que fazem as ramificações de sua organização fantasística, tudo isso tem como efeito que não haja duas sessões analíticas iguais. Portanto, não há standard possível. "Como, sem suspeitar do objeto que dá a base de tudo isto (...) pode se estabelecer a ciência?" [12] pergunta Lacan.

Uma única bússola

Nossa única bússola é o real. Bússola engraçada, fora do sentido, que não faz senão mentir!

Apenas esta bússola do real, do real como diferença absoluta, permite conceber que haja lugar para o novo, para o que não estava antes no registro do sentido e que pode transmitir-se. Não há outro acesso possível do particular à verdade. O particular é o sintoma, "esta injeção de significantes no real", [13] significantes que tomam valor particular para um sujeito, valor de real. Na seqüência apresentada, o sintoma se declina sob a ocorrência do olhar que organiza uma cadeia, "cadeia de gozo-sentido", [14] ou "cadeia de letras". [15] Há outras ocorrências que caberá ao sujeito declinar. Pelo estreitamento destas cadeias, e "com a condição de que nenhuma falhe", [16] a aparente necessidade do sintoma pode revelar-se nisto que ela é contingente. O real revela-se, a partir daí, como zero absoluto e o sintoma, como modo de tratamento aberto às novas contingências do real. É isto que muda um destino.

Negligenciar esta bússola para se fiar no sentido, que não é nunca mais do que o senso comum, nos condena à afecção do mesmo que, remetendo o particular à generalidade, fecha definitivamente o campo do inconsciente, deixando-o trabalhar... para o gozo, cuja metonímia faz metástase. Nenhuma chance, a partir daí, de operar sobre este núcleo de gozo ininterpretável que faz o coração do sintoma e o enquadre da fantasia.

Não há razão para nos acreditarmos a salvo de uma tal negligência: para manter esta bússola, é preciso "todo o gás". Nenhuma neutralidade, ainda que benevolente, mas sim "pagar com as palavras", "pagar com sua pessoa" e "pagar com seu julgamento mais íntimo". [17]

ENQUADRE E PSICOSE

Roger Cassin

"Os analistas dóceis não apreenderam a elasticidade das regras que formulei e (...) as obedecem como se fossem tabus",[1] escrevia Freud a Ferenczi em 4 de janeiro de 1928.

Freud não foi prolixo sobre as modalidades técnicas da cura psicanalítica e soube assinalar que a técnica que ele aplicava lhe era pessoal.[2]

Para Freud, de fato, como ele o indica no relato do caso do Homem dos ratos, só há uma regra da psicanálise, a da associação livre: "dizer tudo que lhe vem à cabeça".

Os standards considerados pela Associação Psicanalítica Internacional como critérios absolutos e exclusivos da psicanálise são as regras temporais de duração e ritmo das sessões. Face à dispersão das correntes teóricas, a unidade da Associação Internacional se mantém retraindo-se sobre um dogma reduzido a regras "relojoeiras" consideradas como condição *sine qua non* da qualidade psicanalítica. Constatando que não se está de acordo sobre nada, pensa-se que ainda é possível estar sobre o tempo.

Parece que estes colegas acreditam em uma unicidade do tempo. Para os cientistas o tempo não é mais o que era para Newton e a suposição de uma noção intuitiva de tempo absoluto, sobre a qual observadores diferentes poderiam estar de acordo, está ultrapassada. O espaço-tempo de Minkowski e a Relatividade substituíram este absoluto mítico do tempo.

Quanto aos filósofos, as tentativas de fazer coincidir tempo íntimo, tempo do mundo e tempo da ciência estão revogadas; o mito, que ainda estava vivo quando os astros vinham em ciclos imutáveis regrar nossas jornadas, não está mais apto para responder quando o tempo é medido pelo relógio atômico.

No campo da psicanálise, a noção de duração está ligada ao batimento de abertura e fechamento do inconsciente, "pulsação de borda"[3] (Freud indica aí a origem da noção de tempo)[4] e a noção de sucessão organizada pela retroação a posteriori (*nachträglichkeit*).

A temporalidade da experiência psicanalítica não é a que medem os pêndulos e os calendários, é a do tempo lógico. O manejo do tempo das sessões, "a escansão do discurso do paciente enquanto que aí intervém o analista"[5] está essencialmente ligado à interpretação e ao ato analítico, ato sem garantia.

Justifica-se com a neutralidade do analista, a aplicação sistemática de sessões cronometradas. Esta ilusão de uma neutralidade avalizada pelo relógio indica a crença em um Outro do Outro garante do ato (ou antes de sua ausência). Para estes analistas a referência última da experiência psicanalítica, verdadeira garantia, é o Tempo.

Os analistas das diversas correntes da IPA raramente esquecem, em suas publicações, de reservar um parágrafo ao necessário respeito do "enquadre". Esta reverência aos standards é apresentada como essencial também na direção da cura quando se trata de pacientes não neuróticos (psicóticos ou ditos *borderline*), pacientes para os quais estes autores reconhecem que uma orientação da cura diferente da dos neuróticos é necessária mas especificando que o "enquadre" deve ser absolutamente respeitado.[6,7]

No campo de orientação lacaniana a questão do caráter psicanalítico do trabalho com os psicóticos é colocada de outra maneira, tanto quando se trata de psicoses desencadeadas quanto não desencadeadas: "Em uma neurose trata-se de decifrar os sintomas e de ir do simbólico ao real... nas psicoses, ao contrário, trata-se de ir do real ao simbólico." "... de tratar o real pelo simbólico através da constituição de um sintoma" (Jean-Louis Gault).[8] O psicanalista deve constituir-se a testemunha e o lugar de endereçamento desta elaboração sintomática. A condição para isso é que o psicanalista tenha "elidido" a crença na possessão de uma idéia adequada da realidade diante da qual seu paciente se mostraria desigual (J. Lacan).[9] Nada nos autoriza a considerar a fantasia que organiza nossa realidade psíquica como algo diferente de um delírio. Nada deveria nos autorizar a considerar nossa temporalidade como algo diferente de um vago compromisso.

O "enquadre" e o "estabelecimento de limites espaciais e temporais para a interação"[10] é só uma tentativa de imposição de uma realidade comum ao psicótico e ao psicanalista, a imposição da realidade do psicanalista de fato, com sua ilusão de neutralidade cronometrada.

Estando carente o ponto de estofo da significação fálica, a temporalidade na psicose vai da eternização à fratura e ao despedaçamento, a duração sendo freqüentemente ignorada e a sucessão suspensa.

O tempo regulado da sessão, para o psicótico, freqüentemente só significa o capricho formalista do Outro. Quando ele é paranóico, pode encontrar aí o controlador desconfiado. O horário da sessão, modalidade prática para um encontro, pode até mesmo ser uma noção obsoleta para o psicótico, aparecendo como uma exigência persecutória do Outro. Um esquizofrênico em análise há um ano mostrou-me como essas modalidades de funcionamento devem ser manejadas com tato.

Apesar de ter proposto horários precisos, desde as primeiras entrevistas, este homem aparecia em meu consultório em qualquer horário, imprevisível. O ritmo das sessões, a cada dois dias era mantido mas as sessões eram, à sua maneira, em horários variados. Desde as primeiras entrevistas, como eu lhe lembrei a hora de sua sessão, ele me respondeu sorrindo: "Eu tentarei, se o senhor pensa que é melhor." Era claro que ele me prevenia que ele não o pensava e aliás ele voltava na sessão seguinte em uma hora também imprevista. Minhas lembranças sobre a hora, face a uma resposta à Bartleby, eram sem efeito. Diante da persistência deste homem, no entanto cortês, em não levar em conta os horários, decidi abandonar essas referências a uma pontualidade que me parecia ser sem registro, a hora da sessão não tendo manifestamente para ele a mesma significação que para mim. Ele tinha, de fato, uma vida que não era ritmada pela hora astronômica: dormia bastante, andava muito tempo. Sua negligência quanto aos horários aparecia em oposição com a notável precisão com a qual ele datava certos acontecimentos de sua vida e particularmente o começo de sua invasão alucinatória sensório-motor. De fato, em 21 de julho de 1998 às seis horas da manhã, ele levantou com uma sensação de "descarga de eletricidade" em seu corpo, atravessando-o de alto a baixo em ondas sucessivas, que ele chama "ondas de *stress*". Este estado era tão insuportável que ele era "compelido a correr sem parar" no corredor da casa familiar. A corrida podia durar horas e só parava quando a exaustão o abatia; depois de vários dias ele conseguiu trocar esta corrida por uma caminhada rápida... Estávamos em setembro quando ele decidiu me procurar tendo passado o verão neste sofrimento, assaltado por essas sensações insuportáveis.

As sessões ocorreram em horários variáveis, ele esperava às vezes longamente na sala de espera e acontecia dele bater com a cara na porta. Ele voltava então um pouco mais tarde, e assinalava minha "ausência" com um surpreso: "o senhor não estava aqui essa manhã?". Suas sensações corporais o deixavam perplexo. Ele buscava sua origem rememorando os acontecimentos marcantes de sua história, todos datados precisamente: a ausência prolongada de vários anos, durante sua primeira infância, de seu pai que estava trabalhando no estrangeiro, a emigração da família para juntar-se ao pai, a volta à França na adolescência e a aposentadoria do pai, a estranheza deste patriarca enigmático que migrou através da Europa e da América.

Ele descrevia um mal-estar em suas relações com os outros começando na infância, mal-estar cujo começo ele situava na idade de sete anos, quando chegou na América onde a família foi juntar-se ao pai (impressão de rejeição e de hostilidade). A escolarização desenrolou-se sem nenhuma perturbação. Ele fez estudos prolongados, inicialmente estudos científicos, interrompidos quando sofreu o que chama: "sua primeira depressão".

Após muitos anos, ele perdeu "o gosto pela vida": por volta dos vinte e dois anos um fracasso amoroso lhe deixou no que ele chama "um estado de destruição". Um traço de erotomania — ele não percebia como tais as recusas discretas da jovem eleita e tomava sua amigável polidez por um convite — levou-o a ser rejeitado clara e penosamente. Ele pensa então dever renunciar definitivamente a todo *élan* amoroso e atravessa um período de abandono e isolamento de vários meses. Ele entretanto admitiu a realidade desta ruptura e não perseguiu mais a jovem com suas visitas.

Houve portanto, aos 22 anos, um desencadeamento psicótico em dois tempos: um esboço de delírio erotomaníaco por ocasião de seu primeiro encontro com o outro sexo: a ausência de significação fálica faz que ele só encontre resposta para suas emoções sexuais pela atribuição de uma demanda de amor à eleita.

Um desencadeamento, ao modo 'melancoliforme', depois de uma rude recusa e o encontro de Um pai sob a forma de uma injunção do pai da jovem para que ele pare de importuná-la. Um encadeamento ao Outro por identificação ao seu irmão gêmeo conseguirá tirá-lo deste estado. Seu irmão o leva em seus programas, ele retoma os estudos desta vez idênticos aos que efetuava seu irmão gêmeo e continua com sucesso até a obtenção do mestrado, os irmãos gêmeos estudando e saindo em concerto, freqüentando os mesmos amigos.

Estabilização portanto sob o modo imaginário que se manterá por quatro anos.

Mas, se ele não se interessa pelas jovens, porque ainda sonha com seu primeiro amor infeliz, seu irmão encontra uma companheira e se afasta.

Novo desencadeamento então com a perda de seu duplo.

Ele atravessa de novo um estado de abatimento, permanecendo confinado na casa de seus pais, vivendo em estado de recolhimento total. Tendo perdido o apoio imaginário da identificação a seu gêmeo, luta contra um abandono, que tem repercussões sobre seu corpo sob a forma de uma astenia e de hipersonolência, com exercícios corporais, jejuns e restrições alimentares.

O encontro de um personagem misterioso com ares proféticos, emissor de uma significação enigmática, desencadeia um acesso desta vez claramente esquizofrênico, pela primeira vez com fenômenos alucinatórios corporais, cinestésicos e motores.

Trata-se de um massagista japonês, adepto de uma medicina natural, que após massagens nas vértebras lhe diz: "algo lhe ocorrerá dentro de oito dias", o que para ele faz enigma. "Três dias depois, 21 de julho de 1998, "ele explodiu", o corpo "munido de interruptores", pontos que quando ele os tocava provocavam as "descargas de *stress*".

A importância que ele atribuía às datas levou-me a lhe perguntar, quando ele evocava de novo seu "grande *stress* de 21 de julho de 1998", se era importante que fosse 21 de julho.

Explicou-me então com vivacidade sua construção:

Seu caso amoroso foi produzido em julho de 1990: 15 de julho de 1990, de passagem na cidade onde morava a jovem, ele lhe telefonou, desejando encontrá-la. Ela lhe respondeu, muito amavelmente, muito gentilmente: ocupada, ela lhe propunha que viesse visitá-la em outra ocasião, em breve. Em 17 de julho ele deixa uma mensagem em sua secretária eletrônica; em 18 de julho tudo muda, ele propõe visitá-la, ela responde que não quer. Em 21 de julho ele chama novamente, mas é o pai da jovem que atende e lhe pede para deixar de importuná-la. "Nesse dia, fui fuzilado." Ora, essas datações de sua aventura amorosa não haviam sido evocadas anteriormente e ele acrescenta: "21, é também o número da carta de tarô chinês que significa 'processo criminal, julgado com pena leve', carta tirada no começo de julho, com uma outra, a número 7, que significa 'exército popular', o que diz bem o que senti quando fui invadido por uma lei interna como se eu mesmo fosse um território estrangeiro. Estava como habitado pelas mônadas, as mônadas de Leibnitz." O "processo criminal" o intriga um pouco, porque ele nunca portou-se mal. Conclui que trata-se sem dúvida de uma falta em uma vida anterior.

***

Assim, ao longo dessas sessões em horário variável elaborou-se um delírio que respondia ao enigma e à perplexidade através de uma correlação precisa entre data e data, significantes respondendo aos significantes, chegando assim a aparelhar o gozo que atualmente desertou o seu corpo, o que o dispensa de andar sem parar.

Jacques-Alain Miller nos convida a considerar que "psicose e neurose são susceptíveis de uma perspectiva comum". "O que parece primordial é a instância de um significante correlato a um vazio enigmático de significação. O neurótico encontra no vazio de significação enigmático uma 'resposta normal universal: isso quer dizer o falo' ..."[11]

O psicótico tem que elaborar uma outra resposta. Aqui é uma significação delirante que vem responder ao enigma da profecia do massagista japonês: a data e a hora precisas (21 de julho às 6:10 horas), quando ele sentiu os fenômenos corporais alucinatórios, eram elas mesmas um fenômeno elementar: ressoavam como um significante diante da significação enigmática mas que ele estava certo que lhe diziam respeito particularmente. O horário da sessão era uma noção, para ele, muito próxima da perplexidade e da invasão de gozo. Ter uma exigência sobre a hora da sessão teria sido ir contra o trabalho da elaboração delirante: ele já havia sido convocado para um encontro enigmático, em 21 de julho de 1998, por suas alucinações cinestésicas. Como ele não havia obtido êxito em elaborar uma resposta a este enigma, era arriscado que a hora da sessão fosse para ele persecutória. Os fenômenos alucinatórios cinestésicos cederam com a resolução deste enigma e o desaparecimento de sua perplexidade; e da mesma forma, sua presença em meu consultório tornou-se mais constante quanto aos horários, sem, no entanto, ser preciso. Constatei então que ele se lembrava dos horários propostos desde as primeiras entrevistas. As referências à precisão de datas não aparecem mais em seu discurso, elas estavam ligadas à sua perplexidade. A nova historização de suas aventuras é resolutiva: os desencadeamentos sucessivos são restabelecidos por intermédio de um manejo retroativo de datas a uma causa comum: o fracasso de seu amor e depois uma falta em uma vida anterior. A estabilização atual através de uma metáfora delirante pobre, desta esquizofrenia, mantém-se há vários meses.

A Sessão É o Próprio Corte

Catherine Bonningue

Como seria a sessão sem o "corte"? Não é o próprio corte que, por seu efeito a posteriori constitui propriamente falando o que nós chamamos de a sessão analítica? Sem dúvida a sessão tem um início, que é o acolhimento feito pelo analista ao analisante, convidando-o a falar no divã ou na poltrona — e o analista tem uma margem de manobra quanto à oportunidade de abrir as comportas da fala, se assim posso dizê-lo. A sessão, porém, se constrói, sempre, a partir de seu termo, quando o corte do analista é necessário. Recortar em "parcelas" esse tempo de fala na análise que é atribuído conforme a teoria a um sujeito, evidentemente não responde em si ao conceito de corte, tal como ele emerge do ensino de Lacan. É bem por isso que este conceito nos parece ser totalmente merecedor de nossa atenção.

Às avessas do inconsciente

Partiremos desta escansão maior, constituída pela intervenção de Jacques-Alain Miller em 1995, por ocasião das Jornadas de Estudos da Escola da Causa Freudiana, em Paris,[1] chute inicial de "La fuite du sens".[2]

Esse giro do ensino de J.-A. Miller apresenta uma nova prática da interpretação acarretando "conseqüências fundamentais para a própria construção da sessão analítica". Esta prática "pós-interpretativa" "se baliza, não pela pontuação, mas pelo corte". Em um certo sentido, pouco importa então a duração da sessão (curta ou longa), o material levado (abundante ou escasso), pois a sessão de fato encontra uma nova definição a partir de uma interpretação que corta, que separa S1 e S2. A sessão não é mais concebida como "uma unidade semântica, aquela em que S2 faz a pontuação" — sessão "a serviço do Nome-do-Pai" — mas sim como "uma unidade assemântica que reconduz o sujeito à opacidade de seu gozo". Ela é "cortada" e não "grampeada". J.-A. Miller acrescenta que ela deixa o sujeito "perplexo", já que ele é forçado a tomar a via de uma elaboração que iria na direção do inconsciente. A interpretação, e portanto a sessão, vai "às avessas do inconsciente".[3]

O golpe, choque

Façamos aqui uma pequena pausa etimológica quanto ao termo de corte, que nos reserva algumas surpresas. Para isto, nos referiremos ao *Dictionnaire historique de la langue française*, de Alain Rey.

Cortar (*couper*) vem de "golpe", choque, *colper* no séc. XI, "dividir de um golpe". Golpe (*coup*) que vem do latim popular e quer dizer literalmente "soco na cabeça" (*taloche*), "murro" (coup de poing), *colaphus*, termo que vem do grego *kolaptein*. Há a noção de movimento, de choque que divide, separa.

Cortar é um derivado cujo desenvolvimento semântico é rico e notável, devido à sua distância em relação ao substantivo. O verbo designa a divisão, o entalhe, e não o choque. Seu sucesso vem, de algum modo, de seu uso esperado uma vez que preenche uma falta devido à especialização do verbo *secare,* desde a época latina. "Cortar" se desmotiva rapidamente de "golpe" e só transmite a idéia de talhar/fatiar. Dentre as extensões de sentido, observamos a de "cortar um texto", ou seja, suprimir uma parte. O termo "corte" (*coupure)* é derivado deste verbo.

Da pontuação ao corte

Sem poder apreender, propriamente falando, as referências à definição de sessão analítica em *A Orientação Lacaniana*, segunda série, daremos delas um resumo. Parece-nos que a sessão analítica se constrói para J.-A. Miller, inicialmente, em torno da pontuação. Em seu curso *Do sintoma à fantasia*, por exemplo, J.-A. Miller evoca a sessão em relação à presença do analista que encarna, no caso, o Outro. É um encontro comparado por ele, na época, ao "dos astros que se encontram"[4]. Ele fala da interrupção da sessão que pode ter o "efeito de disjunção da fantasia"[5].

É como pontuação que o curso *Donc* remete à sessão variável desde o relatório de Roma, no qual Lacan fala da "suspensão da sessão (que) não pode não ser experimentada pelo sujeito como uma pontuação em seu progresso".[6]

Em "Silet", reencontramos a sessão analítica: "É no contexto de uma teoria da interpretação que separa rigorosamente o gozar e o dizer que Lacan justificava igualmente o uso das ressonâncias da fala, e o manejo especial do tempo da sessão".[7] Esta referência situa a sessão segundo a terceira parte do relatório de Roma: "a teoria das sessões curtas, de Lacan, inscreve-se no quadro da interpretação intersubjetiva"; "a interrupção da sessão, marca uma escansão no progresso da dialética da verdade em marcha na direção de sua realização". E J.-A. Miller precisa: Lacan continuou a fiar-se no mesmo procedimento, enfatizando-o inclusive, mas remeteu-o a uma problemática inteiramente diferente do que a da interpretação subjetiva. Não nos esqueçamos de que sua primeira justificativa e sua primeira emergência é, no contexto em que se trata, no horizonte, pôr de acordo significante e significado".[8]

Em "La fuite du sens", logo após "O avesso da interpretação", J.-A. Miller fala da concepção de Lacan sobre o final da análise como "des-ser" (*desêtre*). "O des-ser supõe uma certa ação de retirar o ser, que designa bastante bem a operaçào analítica. A psicanálise retira do ser, ela perfura uma inchação imaginária, ela reduz ao semblante tudo o que não merece nada melhor do que isto, tudo o que não faz ser, mas sim parecer. Este des-sujeito (dé-sujet) se une ao ser-para-o gozo, ou seja a pulsão freudiana".[9] Encontramos então esclarecida, pelo equívoco, a noção de corte entre S1 e S2 citada acima: "Dizer que a lei do significante é o equívoco, estabelece um corte entre o sentido e a matéria significante".[10]

Lacan chama de *inconsciente* a conjunção da abertura com fechamento; a "conjunção deste espaço interpretativo com este espaço onde vem inscrever-se o termo obturador",[11] isto é, parece-nos, o próprio corte.

Dois anos depois, J.-A. Miller — após ter evocado, evocará as virtudes da sessão curta como o que "reduz o dito do paciente ao operatório"[12] — trata a questão do tempo opondo o status da sessão segundo Lacan e a norma standard; "A sessão de tempo fixo e standard não faz outra coisa do que explorar o tempo simbolizado, quer dizer, o tempo, mortificado, sem resto de real. (...) A sessão variável ou a sessão curta é um método para que a suspensão da sessão escape à morte simbólica, a fim de fazer de modo que o tempo valha como um real, e tendo como efeito impedir ao analisante de servir-se disso. (...) o tempo sob a forma da pressa é um objeto *a*".[13]

A partir disto, farei uma reflexão sobre dois casos clínicos, cujo "enquadre" nào é puramente de psicanálise, mas nos quais a ação interpretativa do analista e seu uso da "sessão" como conceito não aceitam, por parte do analista, nenhum compromisso. Duas questões fundamentais são formuladas em filigrana: pontuação ou corte? Desejo ou gozo?

"Jacques disse"

Quando recebo Mick pela primeira vez, no quadro institucional de seu acolhimento por uma família substituta, dado à inadequação da sua, ele está em acompanhamento psicoterápico feito por um colega que não é de orientação lacaniana.

De saída, Mick me diz que quer parar sua terapia e que, talvez, eu pudesse acompanhá-lo.

Eu o desencorajo de imediato (estamos no começo de julho e sua terapia será interrompida [pelas férias] até setembro), e o remeto ao seu terapeuta. Ele lhe diz, então, sem sucesso, sua intenção de parar. Quase um ano mais tarde, revejo Mick, em grandes dificuldades com sua família de acolhimento. Ele está prestes a se fazer expulsar. Ele reclama comigo por não ter aceitado sua demanda de recebê-lo. O que não deixa de me tocar. De fato eu deveria tê-lo aceito para rejeitar seu ato transferencial. Por várias vezes, ele me fará uma verdadeira decalaração de amor transferencial: "Eu não gosto dele, não falo com ele, não jogo; ele só tem Barbies. Com você é diferente". E no decorrer das entrevistas que, desta vez eu lhe proponho, ele deslancha o que considerarei como um trabalho analítico, comigo, paralelamente à psicoterapia que ele prossegue, por seu terapeuta não concordar que ele pare.

Coquemos aqui algumas coordenadas da vida desse garoto que tem quase onze anos. Por volta dos dois anos de idade, ele foi posto em uma creche, onde permanecerá por muitos anos, dado que sua mãe não tinha domicílio fixo. Sua mãe dirá que ele é "filho do amor", a ser entendido como de um amor passageiro. O pai desaparece da vida da criança desde seu nascimento. Um dia, mãe e filho passam por ele. Depois disso, mais nada. Tudo isto foi dito à criança. Da creche, Mick partiu para viver em uma primeira família de acolhimento, na província, ou seja, longe do lugar onde sua mãe está.

Após alguns anos, a mãe de Mick recupera todos os seus filhos colocados em acolhimento familiar, isto é, quatro — um quinto nasceu neste intervalo. Este retorno logo se tornou um fracasso completo para Mick. Ele apronta confusões para valer e é rejeitado por sua mãe de modo categórico, como o "mau objeto". Ela atribui a ele a responsabilidade toda deste fracasso. Mick se pegou com seu irmão secundogênito e se fez linchar por seus irmãos mais velhos, depois de algumas insubordinações espetaculares, parece. Digamos que Mick é o fantoche de uma mãe que se estrutura na psicose, mantendo uma relação em espelho com cada um de seus filhos. Um diabinho à la Condessa de Ségur, Mick se esmera em tamponar certos orificios, como as narinas de seu irmãozinho, com bolinhas, o buraco do WC com qualquer objeto, provoca inundação etc. Desta vez, sua mãe o envia a um lar para crianças. Ele permanece ali por um ano. Sua mãe recusa-se a vê-lo, "por causa do que ele fez".

Mick chega em uma nova família de acolhimento. Sua mãe só se manifestará junto à criança alguns meses mais tarde, em seguida a uma audiência com o juiz, o que ocasionará reencontros comoventes. Durante esta interrupção da relação com a mãe, Mick apregoava um "que se dane". Foi neste momento que a família de acolhimento se queixou particularmente de seu comportamento agressivo. Ele, de saída, estabeleceu um relacionamento muito íntimo com o filho de seis anos do casal, passando de uma relação lúdica a uma relação agressiva. Um dia, um cabo se rompeu quando Mick bateu violentamente nesse menino, por uma razão aparentemente fútil, assim o dizem; Mick queria ser o primeiro a atender o telefone, pois esperava uma ligação importante.

Contudo, é um amor-paixão que o liga à sua mãe, um amor inteiramente imaginário. Ela vem buscá-lo, no máximo, uma vez por mês, na quarta-feira, sai com ele por duas ou três horas, vai ao McDonald's e faz algumas compras

Quando Mick vem às sessões, tal como fazia com seu terapeuta, ele gosta de trazer um objeto, um brinquedo. Após algumas semanas será, regularmente, um revolver, que, à medida que as sessões vão passando, ele guarda no bolso. Posso resumir sua brincadeira das primeiras sessões (ele é quem pede para brincar) a uma "pancadaria" (*un cassage de gueule*) contínua entre dois personagens que podem se multiplicar. Quase nenhuma palavra pontua este jogo. Muito barulho para marcar os repetidos choques. Eu escando a sessão, como se diz. Ele se queixa de eu não ter muitos brinquedos, e me pergunta quando é que vou comprá-los. Usa tudo o que encontra com muita engenhosidade, utilizando o heteróclito da panóplia para diferenciar um mundo de monstros ameaçadores e de heróis. Nada de final feliz ou infeliz no cenário, a não ser minha pontuação da sessão que só pode, neste ponto do tratamento, pontuar o sentido, ou seja, o imaginário da demonstração. Aos poucos seu jogo se enriquece. O analista, do lugar do Outro, permite a esse jovem sujeito "sair fora do eixo", se assim posso dizê-lo, do eixo imaginário a-a'.

A calma voltou em sua família de acolhimento, onde ele não está mais em uma relação de rivalidade imaginária com o filho do casal, do mesmo modo que já não está mais em uma relação especular com os meninos turbulentos de sua escola. Ficou combinado que ele não retomará sua psicoterapia em setembro, já que ele não quer.

Por ocasião da primeira sessão em setembro, quando insiste junto a mim, inquieto, para saber se já está perto da hora da sessão terminar, eu lhe digo que, quanto à hora, não estamos preocupados com ela. Esta sessão, de fato, será mais para longa. No momento em que, na brincadeira, ele encenava uma catástrofe em que os heróis deveriam intervir para tentar salvar este mundo ao qual ele pertence, e que está em perigo, ele pronuncia o termo "desastre", e eu o assinalo. Ele parece abalar-se com a pontuação deste significante. Isso o deixa aparentemente perplexo, e ele me mostra o que é um desastre empilhando tranqüilamente todos os brinquedos da sala que ele utilizara até então. A precipitação não é mais necessária, já que ele, agora, tem a certeza de que um relógio não é mais o mestre da sessão. Quando interrompo a sessão, ele me diz, gentilmente aliás, e um pouco irônico: "Bom, você arruma!" Eu lhe respondo, gentilmente também, e um pouco inquieto quanto aos efeitos que minha interpretação terá: "Nós vamos fazer isso juntos." E ele arrumou, mais ou menos, junto comigo.

Na sessão seguinte, ele não joga. Instala-se na cadeira giratória e sai girando no meio da sala, sentado nela, até ficar sem fôlego, aturdindo-se, e me diz que não tem nada a dizer. Na verdade, ele me falará longamente, o tempo de uma sessão curta, sempre a girar em sua cadeira, desculpando-se quando aconteceu de seu pé esbarrar contra o meu. Ele me falará sobretudo de seu pai, que não conhece, e da hiância que é para ele não ter pai. Penso que é para ele como o "desastre" da última sessão. Digo-lhe que teremos uma sessão junto com sua mãe, que virá vê-lo alguns dias depois. Ele aceita de bom grado, ainda que nunca tivesse aceitado que eu o recebesse com sua assistente materna.

(Mick está sentado junto à mãe, sorvendo-a com os olhos.) Sua mãe me fala em um tom de voz forte e veemente sobre seu amor por seu filho, "filho do amor", de um pai que ela irá "procurar indo mesmo até Marrocos, onde talvez ele esteja, quando for necessário..." Ela apregoa com segurança sua vontade de retomá-lo, embora acabe de recusar-se a ver seu filho mais do que três horas por mês, e a levá-lo para jantar em casa. Ele se mantém colado nela, amando. Ao final da sessão, apenas atravessado o umbral da porta, Mick pronuncia estas palavras: "Totalmente incorrigível." Sua mãe as pinça, antes mesmo que eu as escute, e diz: "O que foi que você disse? De quem é que você está falando?" E Mick, aparentemente sincero: "Não sei, eu disse isso assim." Eu, temendo a catástrofe: "Você me fala disso na próxima vez." Cabendo à mãe concordar. Mick, então, como sempre, despede-se da mãe com os gestos mais ternos, na sala de espera.

Aqui, pode-se dizer que, em um primeiro tempo, foi a criança analisante quem pontuou a sessão, não o analista. Esta pontuação é interpretação, *Witz*. Ela espoca, escapando ao sujeito. O analista a ratifica como *Witz*. O mais chocante, é que essas palavras são pronunciadas quando mãe e filho estão do outro lado da soleira da porta do consultório do analista, o analista estando ainda dentro do consultório. E mais, o analista, no momento em que a mãe diz: "O que foi que você disse?", pensa que palavras preciosas da criança acabaram de lhe escapar. Mas não, estas palavras estavam circulando no primeiro estágio do nosso bem conhecido grafo do desejo, antes de chegarem à sua destinação.

Pontuação, mas também corte, este "totalmente incorrigível", corte entre a mãe e o filho, pois a mãe tem toda razão de perguntar "de quem é que você está falando?" Este "incorrigível" é, de certo modo, indeterminado, a-sujeito. ele está literalmente entre a mãe e a criança, da mãe e da criança. Não me dizia Mick, há algum tempo atrás: "Eu sou muito sensível. O retrato de minha mãe!" Ele, então, me explicava que achava que o pai de sua família de acolhimento lhe falava de modo muito duro. O que, sem dúvida não é falso, mas, além disso, como formulava J.-A. Miller na Seção clínica em 1999, o sujeito se diz esmagado pelo significante, aqui, o significante paterno, de que não chegaríamos a dizer que está foracluído, propriamente falando, neste sujeito. Um dia, ele também me disse que jamais poderia aceitar as regras muito rígidas que lhe eram impostas.

Qual é o status deste "totalmente incorrigível"? Pontuação ou corte? Diremos que ele pontua às avessas do inconsciente. Por isso é que nos parece corresponder ao conceito de corte.

Mick, na sessão seguinte, quando o convido a comentar esta frase sem sujeito, atribui-lhe, de fato, um sujeito que eu ainda não conhecia. De quem ele falava? "Ah! É o Jacques", exclamou ele. "Jacques?", perguntou o analista. "Sim, meu urso, aquele que eu tinha quando era pequeno, que meu pai me deu...Ou talvez tenha sido minha mãe quem deu o dinheiro pra ele me dar o urso. Ele continua na casa de minha mãe." Então, ele me mostra, com um gesto, como está grande, da altura da minha escrivaninha. Por outro lado, em um momento desta sessão, quando, querendo fechar a janela, eu esbarro ligeiramente com meu pé, ele se sobressalta como se temesse ser repreendido.

Temos de haver-nos então com um corte que equivale ao Nome-do-Pai, mas que não é o Nome-do-Pai, Nome-do-Pai de um Pai que assumiria plenamente esta função. E Mick não deixa de se queixar da vacância desta função. Isso lhe falta. Ele sofre disto. Mas somos forçados a constatar que, malgrado ele, ele se vira com esta falta. E, no momento, ele não se sai tão mal.

O que me parece surpreendente aqui, é que unicamente a função da pressa — induzida de modo preciso pelo corte substituindo a pontuação — como objeto *a,* introduzida no tratamento deste menino, pode dar conta da mudança absoluta no, diria eu, ritmo do tratamento. Ele tinha de se haver com um terapeuta que se mantinha absolutamente afastado da realidade de seu paciente, interessando-se exclusivamente nas fantasias. Ele, assim, entretinha o imaginário, deixava colapsados S1 e S2. O analista, referido ao ensino de Lacan, não deixa de lado a causa do desejo, aqui, aprisionada ainda na fantasia materna.

Girando em sua cadeira giratória, Mick testemunha a divisão que experimenta entre o gozar e o dizer. Foi com muita dificuldade que se descolou desse gozo de que faz "monstração" ao se aturdir, para confiar-me o pesadelo da noite anterior: "Eu era meu relógio e eu comprava um outro. Mas isso não me deu prazer porque sou muito apegado a esse relógio."

Jacques disse "totalmente incorrigível". O sentido da réplica e a sutileza da análise de Mick nos fazem pensar que Jacques é uma ficção fazendo referência à brincadeira infantil muito conhecida. É o urso alter-ego suposto permanecer junto à sua mãe, ou seja, o próprio Mick, quando morava com sua mãe e sua coorte de besteiras.

"Tu quiseste nascer"

A partir do corte, parece-nos possível formular uma nova concepção da sessão analítica que se refere ao desejo do analista. Através do corte que constrói a sessão, é só o desejo do analista que opera, podendo, eventualmente, em circunstâncias precisas, operar bem mais além de uma demanda explícita.

Tomemos um outro exemplo clínico, o da Srta. S. com quem um analista se encontra em um contexto particular, sem nenhuma demanda de sua parte, pelo menos sem nenhuma demanda analítica. De fato, ela tem uma demanda para com a instituição social, para que esta se encarregue da responsabilidade de seu filho que tem dois anos. Ela alega uma impossibilidade momentânea de ocupar-se dele.

A separação é dolorosa, mas a criança foi confiada a uma família de acolhimento. O analista propõe sua escuta — sua escuta quanto ao desejo desta jovem mulher com relação a um pequeno sujeito a advir. A primeira sessão foi pontuada pelo "obrigada por me fazer companhia", o que o analista tomou como um "volte". A mãe, por ocasião de suas entrevistas, declarará seu não desejo de filho, deste filho. Ela lhe dirá: "pode-se dizer que você quis nascer". Ela explicará ao analista este pesado percurso de guerreira: "Eu tomava uma pílula de fraca dosagem. Meu namorado usava preservativo... senti que a barriga começava a crescer, e achava isso bizarro... Eu que não tenho barriga. Senti alguma coisa se mexer, mas pensei que fossem bamboleios (*ballottements*) (*sic.*). Não pensava que fosse alguém. Quando fui me consultar, eu já estava com quase cinco meses de gravidez. Fiz de tudo para abortar, mas já era muito tarde, mesmo para ir à Holanda (onde o aborto tardio é autorizado). Escondi minha gravidez de minha família (ela mora com seus pais apesar de ter trinta anos). Propuseram-me induzir o parto com X, mas, no último minuto, não consegui me decidir a assinar. Não entendo como é que se faz isso sem tomar remédios. Aos oito meses de gravidez, tive dores tão insuportáveis na barriga que peguei o carro (sozinha), às duas horas da manhã, e fui até a clínica mais próxima pedir um remédio para dormir. Eles me disseram que eu ficaria lá porque ia dar à luz. Uma hora mais tarde ele nasceu."

Depois de ter feito de tudo para se livrar, a Srta. S faz tudo para seu filho. Ela o entregou durante dois meses a uma prima, tentou organizar uma adoção simples que lhe permitisse manter contato com a criança fazendo-se passar, ela própria, por sua prima. Ela estaria pronta para dá-lo em adoção sob a condição de poder vê-lo de vez em quando. A lei francesa não a autoriza a isso. Enfim, ela o confia a uma família, descompromete-se de sua educação, mas verifica se ele está bem. Ocupa-se dos documentos de identidade dele, carteira, passaporte individual, de modo a que ele pudesse viver sua vida sem, contudo, constar de seus próprios documentos, inclusive de sua caderneta de família (*livret de famille*)*. A existência desta criança, atualmente com nove meses de idade, continua cuidadosamente ocultada de seus pais. Seus colegas de trabalho evidentemente sabem que ela teve um filho. Porém, de volta da licença-maternidade, ela não respondeu às suas perguntas sobre a criança, o que os desencorajou de continuar perguntando.. "Eu finjo (*j'ai fait semblant de*) que não entendo", me diz ela.

A proposta das sessões analíticas, aqui, certamente é bastante delicada. Neste quadro intitucional que ela aceitou, ela sabia que eu lhe proporia uma entrevista. Eu pincei seu "obrigada por me fazer companhia" como um " sua escuta me interessa". Essas entrevistas, essas sessões, não levarão a um percurso analítico, propriamente dito. Trata-se de aproveitar o instante de um possível questionamento sobre seu desejo, já que ela disse, de saída, que logo retomaria seu filho. Esta mentira para si-mesma, esta ficção que ela se forja se esfuma pouco a pouco. Ela é muito sem jeito com a criança, quase se atrapalha. Ela o vê, em média, durante uma hora e quinze minutos, a cada quinze dias. É ela própria que fixa este ritmo e o horário. Horário que ela acomoda entre seu trabalho e suas obrigações familiares: relais de uma mãe sobrecarregada com os cuidados para com uma jovem adulta muito deficiente, e um rapaz aparentemente psicótico. Ela diz que seu namorado a deixou cair quando soube que ela não poderia mais abortar.

Qual é o ofício dessas sessões se não o de vir separar o desejo de um sujeito, aqui, às voltas com um desejo de ser mãe — que se busca —, desejo do sujeito inteiramente atolado neste mais-além de prazer que é seu gozo? Ela goza, bem evidentemente, do lugar da criança que ela ocupa em sua família e mais-além do lugar que lhe foi destinado na constelação familiar, do qual ela não pode dizer muita coisa, por ora. Ela me disse não poder imaginar-se, atualmente, nem esposa nem mãe, com as seguintes palavras: "Talvez seja porque não encontrei o bom."

---

* *Livret de famille*: documento de pessoas casadas contendo o resumo da certidão de casamento, completado com resumos das certidões de nascimento dos filhos; os pais de um "filho natural" podem obter tal documento (*Diction. Encyc. Larousse*.) (N.T.)

"O site do possível"

J.-A. Miller há pouco nos propunha a questão: "Onde está a ética do analista?" "Não deveria o analista 'servir apenas à psicanálise pura', sendo os outros usos que se faz dela usos desviantes, derivados, que definitivamente amortecem a psicanálise?" A resposta nos parece evidente. O novo conceito da ciência permitido através da prática pós-interpretativa da psicanálise é um sério contraforte ante qualquer prática desviante.

Concluiremos com esta definição da sessão como "site do possível", dada por J.-A. Miller. O encontro com um psicanalista pode ser "sem prêmio para um sujeito, posto que ele é um caso de psicanálise impossível".[14] Esta bela fórmula parece bastante conveniente para os dois sujeitos cujos casos apresentamos.

DECISÃO DE UMA ENTRADA

Silvia Baudini

O dispositivo freudiano

Em seu texto "Sobre o início do tratamento", de 1913,[1] S. Freud nos fala do período de tratamento de prova e sua função diagnóstica. Esta função está a serviço de oferecer ou não o dispositivo analítico, isto é, dar curso ao trabalho na sessão analítica. No caso em que o analista esteja diante de um caso de parafrenia (lembremos que este é o nome que Freud propõe para a esquizofrenia), ele não pode manter a promessa de tratamento.

Por volta de 25 anos depois, em seu texto "Esboço de psicanálise", Freud fala do plano terapêutico para as temíveis enfermidades espontâneas da vida psíquica. Compara o sonho com a psicose e na segunda tópica diz que se deveria realizar um pacto entre o analista e o Eu do paciente. Neste pacto, diz, consiste a situação analítica.

Sabemos o destino que isto teve na psicanálise pós-freudiana, especialmente na egopsicologia, que acreditava estar aí a fórmula do êxito. Mas Freud, tomando como exemplo a psicose, agrega: nos espera a primeira desilusão e a primeira chamada à modéstia. Diz que não podemos esperar do Eu do psicótico, nem certo grau de coerência nem nenhuma compreensão para as demandas da realidade efetiva. O psicótico jamais poderá cumprir este pacto. Logo terá jogado nossa pessoa e o auxílio que lhe oferecemos aos setores do mundo exterior, que já não significam nada para ele, e termina com uma frase que se situa no nível da pertinência do dispositivo na psicose. Discernimos, pois, que a renúncia se impõe ao ensaiar nosso plano curativo no caso do psicótico e agrega que essa renúncia pode ser definitiva ou só temporária, até que encontremos outro plano mais idôneo para ele.[2] Deixa, portanto, pois reservado este plano de aliança com o eu para a neurose, mas é uma aliança com um eu muito particular, um eu de desconhecimento, pois diz imediatamente que a única lei possível no dispositivo é a regra fundamental.

Rosenfeld e o dispositivo kleiniano

D. Rosenfeld escreveu um texto intitulado "Estados psicóticos"[3] e aí retoma o parágrafo de Freud do Esquema, dizendo que Freud chegou a um ponto morto ligado à insuficiente compreensão da transferência na psicose; impasse que veio a resolver-se, segundo Rosenfeld, graças às elaborações kleinianas sobre as primeiras fases do desenvolvimento.

É esta teoria que Rosenfeld vai utilizar no tratamento de sujeitos esquizofrênicos. Inclui o paciente no dispositivo analítico, e precisa que não somente em termo de êxitos terapêuticos, senão também em termos de investigação. Para atingir este propósito adere à situação analítica clássica, desviando-se o menos possível da técnica empregada no tratamento de pacientes neuróticos. Somente desta forma, diz Rosenfeld, é possível ampliar nosso conhecimento da psicopatologia da esquizofrenia.[4]

O autor questiona as técnicas de reeducação e apoio ou a idéia de fomentar tão-somente a transferência positiva. Ele sustenta que a técnica psicanalítica pode ser aplicada no tratamento da esquizofrenia aguda e isto inclui o manejo da transferência negativa. Quer dizer que não postula para a psicose as terapias que se dirigem à função do eu, mas não capta a dimensão de retificação que a falha em amar,[5] da psicose, deve produzir no manejo da transferência, pois não há dimensão do sujeito suposto saber, senão que esse lugar é ocupado pelo psicótico mesmo. Utiliza, portanto, a interpretação como o faria no caso de uma neurose, produzindo em alguns casos uma substituição imaginária e em outros, efeitos persecutórios, pois o inconsciente do psicótico não lê as marcas, já que não procede por retroação.

Rosenfeld denuncia o impasse freudiano sem entender a sutileza daquilo que Freud nos orienta no trabalho com sujeitos psicóticos. Por exemplo, ao precisar no seu texto sobre as *Memórias* de Schreber,[6] a relação deste com o professor Flechsig, observamos que ele se empenha em dividir a alma Flechsig da pessoa viva desse nome — o Flechsig do delírio, do Flechsig de carne e osso e agrega aí uma nota de rodapé nas "Memórias de um neuropata". Freud dá aqui uma indicação sobre a transferência na psicose — a que não deixa um sentido unívoco ao sujeito; é na abertura, a separação que se abre, onde é possível que o analista tome seu lugar na sessão analítica.

Com Lacan

Lacan radicaliza o conceito de sujeito. Em seus desenvolvimentos dos anos 50 sobre a psicose, localiza o sujeito como efeito do significante. O sujeito é efeito da linguagem e esta é um órgão que o preexiste. A partir desta pontuação poderemos falar de uma questão preliminar a todo tratamento possível da psicose, a que introduz a concepção que devemos formar da manobra da transferência no tratamento[7] — onde se reúne com a observação de Freud no caso do presidente Schreber. É essa concepção da manobra da transferência a que abre o dispositivo analítico para os sujeitos psicóticos.

O dispositivo no desencadeamento

O paciente a que vou me referir tem 21 anos no momento de seu desencadeamento. Vem acompanhado de seu pai e quando entra no consultório me diz que teve uma experiência na sua viagem ao estrangeiro com uma moça que conheceu. Ela possuía o poder do *conhecimento* e dominava o idioma do *conhecimento*. Ele a viu, esteve com ela em uma discoteca e queria se casar com ela. A partir daí tudo mudou, ela fez nele a *psicológica* (a mãe dela é psicóloga). Ele sabe que precisa de um psicólogo que o ajude a sair disto. Quando volta de sua viagem, poucos dias depois, parte para a casa de uns familiares no país vizinho e aí tudo fica pior, sua prima queria *passá-lo*, todos o conheciam e queriam fazê-lo homossexual. Em um bar, um homem se aproxima — um homossexual — e ele teve que sair correndo porque esse homem o *passou*. A dimensão da palavra imposta se reconhece neste primeiro encontro com o sujeito. Estes significantes — o *conheceu*, o *passou* — são neologismos, outra linguagem que o sujeito começa a experimentar que o angustia e precipita sua psicose. Todo seu corpo deve mover-se para tratar de escapar dessa linguagem que o goza sem medida. Nestas condições percorre cinco cidades e finalmente chega a Buenos Aires. No barco que o traz se aproxima um homem, lhe propõe tomar o mesmo táxi no porto; quando ele desce o taxista tenta roubá-lo e cobrar mais;

ele não lhe paga e o taxista faz uma alusão a sua homossexualidade. Pede desesperado a seus pais que quer ir a um psicólogo.

Proponho então fazer entrevistas diárias, o que ele aceita. Entrevistas nas quais eu lhe digo que me poderá explicar tudo o que experimentou. O sujeito expõe sua ideação delirante pouco sistematizada; essa moça tem o poder do *conhecimento*, ele também o tem; Deus deu isto a ele quando era pequeno, mas ela é mais poderosa e dirige melhor o idioma do *conhecimento*. Este poder consiste em antecipar-se ao que o outro vai querer e dar isso primeiro; deste modo ninguém o passa, se ele domina o conhecimento pode evitar que o *passem* e que o convertam em homossexual. As sessões se realizam em um ambiente de grande tensão; seu pai o espera do lado de fora e ele diz que seu pai é o diabo. Me pergunta: e se me pego um tiro e vou pro céu?

Trato de construir com ele uma linguagem compartida, por isso me faço explicar todo o referente ao tema do *conhecimento*; ele me diz que eu tenho que saber disso, que sou psicóloga. Como escapar à atribuição de saber persecutório que me permita operar com esse sujeito?

Começo a escrever tudo o que ele me diz e que eu não entendo, fazemos planos, mapas, vetores, objetivos. Diz que nem pode sair na rua, pois todos o querem *passar*, ou o *conhecem*, nada dele fica privado.

Numa entrevista, ele olha uma corrente que tenho no pescoço com minha inicial e diz S de Superman e dá risada; eu também dou risada, muito divertida. A partir deste momento e pelo espaço de várias semanas, ao chegar procurará essa inicial que alivia de alguma maneira o persecutório da presença do Outro. Em outra ocasião, olhando meu relógio me disse que este aparece em seus sonhos, que cai em cima dele e a partir daí guardo o relógio na gaveta. O sujeito pode dizer o que o ameaça e isso é algo que pode desprender-se do corpo do Outro, produzindo um alívio de seu sofrimento.

A estabilização

Depois de três meses começa a dormir melhor, pode sair na rua e progressivamente vem sozinho às sessões. Já começa a existência de códigos comuns, S de Superman, uma estatueta no meu escritório que ele chama de Tristonia, fazendo referência à analista, e se coloca em jogo a ironia como elemento de trabalho. Sabe que vou para um

Congresso no exterior e ironiza: o que você gosta mesmo é de comprar, ela compra e compra! Canta para mim uma música de uma novela da moda — mudando o título — A ostentadora (o título da novela é *A usurpadora*). São momentos de grande alegria do sujeito, dá risada com satisfação, eu acompanho sua risada, um pouco queixando-me do que me diz. Assim, pode localizar no Outro o excesso que o invade — parte do gozo se transfere para a imagem, daí o alívio. A sessão analítica permite essa passagem do gozo do corpo para a imagem. Também conta uma piada: um galego estava cortando lenha e lhe escapa a foice cortando sua orelha. Então seu amigo lhe diz: Manuel, aqui está tua orelha. O outro lhe responde: Essa não é minha, a minha tinha um lápis. Versão atenuada do corpo fragmentado. A falha no imaginário se compensa por meio desta forma irônica que permite constituir uma imagem apaziguadora. Essa piada tem um valor irônico que toca seu pai de origem galega e ao analista: uma orelha com um lápis.

A forma como toma corpo a não inscrição do nome do pai se verifica, na esquizofrenia, na falha da constituição do imaginário. Lacan fala, no seu ensino dos anos 70, do imaginário como o registro que amarra e apazigua o gozo; os três registros são equivalentes e o imaginário não se reduz ao especular. O imaginário tem consistência, quer dizer, permite que o gozo se articule.

Logo depois da minha volta se produz um recrudescimento de sua psicose, já não do lado das idéias impostas, as alucinações verbais ou o delírio, senão do negativismo. Não quer vir, não quer sair de sua casa, não quer tomar banho. Uma só atividade se destaca, uma tentativa falha frente a ficar totalmente passivo; começa a tocar sua avó, a passar a mão, belisca-lhe o rosto até feri-la, leva-a para a cama e se deita sobre ela; bate na barriga do pai até fazer doer. Trata de atravessar o corpo do Outro; desapareceu o marco das sessões que proporcionava uma possibilidade de armar uma imagem especular que o sustentasse. A partir do desencadeamento engordou 20 quilos; ele que estava orgulhoso de seu corpo magro e fazia exercícios abdominais todos os dias em sua casa, passa a não querer nem caminhar; diz que não tolera seu corpo, que nada serve, que não vai seguir vivendo, que ele não precisa de terapia, que está bem. Um dia lhe pergunto: te preocupa o futuro ou não te importa o futuro? Responde: não me importa o futuro. O passado já foi: isso já passou, não quer falar desse tema, diz que estava perseguido. O negativismo varre com qualquer temporalidade, só fica a temporalidade de suas sessões, que ameaça romper-se.

Faço então três intervenções:

1. Coloco um nome ao que lhe aconteceu: depressão.
2. Incluo um acompanhante terapêutico dizendo que vai lhe ajudar para que faça treinamento físico.
3. Digo que me dê um mês para sair disto.

O sujeito aceita, com muita reticência, a princípio, e traz um texto de Paulo Coelho (um autor brasileiro — país que ele adora e que já visitou muitas vezes), que sua irmã lhe recomendou. Trata-se de um livro de conteúdo místico, que funcionou localizando algumas significações das quais o sujeito conseguiu apropriar-se através da leitura que a analista fazia, sempre de um parágrafo escolhido ao acaso, que adquiria um sentido pleno para o sujeito e que o ajudava a historizar-se.

Tendo transcorrido um ano e meio, o negativismo é o sintoma que persiste. Este consiste em dizer: tomando palavras da mãe, que vem falar idiotices, nada profundo, fala de seus amigos, de futebol — eu não digo nada.

J.-A. Miller diz que o esquizofrênico denuncia, mediante a ironia, a ruína do laço social, que no fundo é uma estafa, que não há discurso que não seja semblante... o Outro, como Outro do saber, não é nada.[8] Mas a ironia deixa lugar para compartilhar com o sujeito essa ruína, o analista suporta essa ironia para com os outros e sobre ele mesmo. Um pouco à maneira dos desenhos animados que, depois de serem cortados em cem pedaços, voltam a reconstruir sua imagem até a próxima sessão. O negativismo, ao contrário, é uma forma de ruína do laço frente ao qual o analista não pode mais do que dizer não! É encarnar a *ausstossung*, essa primeira expulsão do objeto, essa rejeição primordial. Não há cumplicidade possível neste ponto. Quer dizer que o lugar do objeto *a* já está ocupado? Toda a questão, com efeito, é desalojar o paciente desta posição.[9] É o analista quem ocupa o lugar de semblante do objeto.

***

Durante uma sessão chega dizendo que está mal e lhe digo que eu também estou de mau humor, que tive um problema com a correspondência que devia enviar ao exterior. Aumenta sua queixa sobre o quanto é inútil vir, que ele já está bem, que isto não serve para nada, que vem aqui para falar bobagens. Tento fazer com que ele fale, mas ele insiste e finalmente, muito chateada, me levanto e dou por terminada a sessão, dizendo que não vou permitir que faça isso com seu trabalho, que pode ir embora e que o espero na próxima sessão. Sai. Na sessão seguinte fala de suas coisas, seus amigos, suas saídas de fim de semana; rimos juntos do Mono, um amigo que é um gênio. Finalmente me diz: você resolveu seu problema com as cartas? Digo-lhe que sim e que lhe agradeço por lembrar disso; pede-me que o desculpe pelo que disse, que esteve mal.

Lacan, nos últimos momentos de seu ensino, elabora uma clínica continuísta frente à clínica do desencadeamento. Sobre isto, Laurent diz que toda a teoria da transferência está em jogo na segunda clínica e do que se trata é de fazer ponto de estofo e destinatário desses signos ínfimos; que é necessário entrar na matriz do discurso pelo signo e não pelo sentido, o que supõe decidir que há aí uma entrada possível. O analista deve dar testemunho desta clínica, com a vontade de fazer-se dela destinatário.[10] O dispositivo analítico está aí, o analista somente tem que oferecê-lo para seu uso.

DA SESSÃO "NECESSÁRIA" À CONTINGÊNCIA

Bruno de Halleux

A proposta de Judith Miller de tratar a sessão analítica nos deixou sobressaltados: nunca tínhamos associado a "sessão analítica" à "prática interdisciplinar em instituições". Um "não!" nos escapou como se uma blasfêmia tivesse sido pronunciada: "Conosco, não há sessão analítica!" Porém questionar a sessão analítica na prática interdisciplinar é fecunda de saber.* Portanto o que fazemos? Em que a sessão analítica teria a ver com a prática institucional interdisciplinar?

Abdel, a criança das batidas

O pequeno Abdel, quatro anos, desde sua chegada passeava por toda a instituição com um pedaço de papel, que ele batia o tempo todo com seus dedos. Absorto por essa operação, ele parecia surdo, mudo e cego em relação ao que se passava ao seu redor. De que ele se ocupava? Deveríamos lhe marcar uma entrevista?

Uma não aplicabilidade

Não se encontrando separado do Outro, Abdel fazia objeção à aplicabilidade do discurso do analista pois ele fazia "objeção à falta a ser que o constitui na linguagem"[1] e porque ele não "surgiu de seu estatuto primeiro de objeto",[2] ele não teve para si a "extração do objeto".[3]

Todavia, se a política do ato analítico "domina"[4] a estratégia transferencial e a tática interpretativa, qual deve ser a posição dos parceiros[5] quanto à transferência e à interpretação no caso da psicose? Se a política, na psicose, visa a "produção de um sujeito"[6] por uma operação de "subtração",[7] pela "exigência de um menos-um" a introduzir no gozo do Outro desregrado, a instalação, portanto, da transferência é problemática, pois para o psicótico não há a suposição mas uma certeza subjetiva quanto ao saber e à vontade de gozo do Outro. Conseqüentemente, toda manobra interpretativa que se faz do campo do Outro implica no risco de intrusão de saber.

Portanto, nada de sessão analítica para Abdel. Entretanto, para nós, ele já está "em sessão". De que sessão se trata?

Sem cessar, por toda parte e sem parceiro

Essas crianças já estão trabalhando para criar uma significação pela qual se defendam[8] do real.

Com seu pedaço de papel, Abdel se apresenta já com seu "órgão suplementar"[9] pois ele está aprisionado em uma sessão "necessária": ele já se encontra em uma entrevista para realizar seu ato. Sessão necessária porque Abdel não cessa, por toda parte e inteiramente só, de dar suas batidas com esse pedaço de papel: sem cessar, no tempo (durante as refeições, as recreações, as oficinas, fora das oficinas, durante a noite); sem cessar, por todos os lugares (no jardim, na cozinha, no banheiro, nas oficinas, na cama, na caminhonete); sem cessar e inteiramente só, pois ele visa se pôr a salvo de toda presença intrusiva.

Por que sem cessar? Porque Abdel não cessa no tempo e no espaço, e porque sua elaboração não cessa de não conseguir se inscrever.

Uma sessão que não cessa de não se inscrever

Mas a criação de uma significação a partir desse órgão suplementar, ao qual Abdel aplica um mais e um menos, não cessa de não conseguir se inscrever: trata-se de uma escritura que não alcança se inscrever. Não alcança tornar-se letra, cifrar-se. Que fazer para que a inscrição de Abdel faça um sulco no real?

Tempo I: De uma sessão necessária, selvagem e generalizada...

Nós distinguiremos dois tempos da sessão necessária. Um primeiro, no qual Abdel já está no trabalho do ato em uma sessão que não cessa, em uma continuidade sem limite de tempo e espaço, pois o tempo e o espaço, na psicose, são reais. A criança não está em um tempo e um espaço significantizados, "computados, medidos".[10] Por falta da significação fálica "não se mede o mundo",[11] o sujeito não se situa no tempo e no espaço. Somente por uma tomada da enunciação e a criação de uma significação podem inscrever a descontinuidade do sujeito no real.

"Selvagem", uma vez que ele não pode contar com seus parceiros que saibam se associar a seu ato nas condições estratégicas e táticas que ele exige.

Tempo II: ...à oferta de parceiros necessários sob condição

Em um segundo tempo, no qual a criança solicita sua "sessão necessária" não mais sozinha mas "interdisciplinar". Ela escolhe associar ao seu ato parceiros "esclarecidos", orientados pela política do ato do sujeito psicótico, por uma posição transferencial adequada e por um cálculo de interpretação a operar.

Assim, a criação de uma significação como "defesa do real" não pode se inscrever a não ser com a condição de que seus parceiros se posicionem, estratégica e taticamente quanto ao saber de forma distinta daquela da neurose.

Uma oferta calculada: "falar sem demandar"

Sabendo, como nos lembra Jacques Lacan,[12] que essas crianças "não conseguem entender" o que nós temos a lhes dizer pois aí "nós nos ocupamos", nos resta inventar modalidades de nos fazer "secretários de seus atos sem, no entanto, aí nos ocupar", sem uma vontade nem uma demanda. Trata-se de inventar uma maneira de encarnar, "trazendo aí nosso corpo e pulsão lacanianos"[13] uma presença, um tom da voz, um olhar, "uma fala que não demanda".[14] "Eles não conseguem entender" porque a presença dos parceiros é demanda, e devido a isso tornam-se intrusivos: esses parceiros não sabem separar a fala da demanda.

A transferência e o saber

Como ser parceiro sem demandar? A primeira condição concerne ao saber: esses parceiros têm um saber sobre as batidas, há um sujeito (*upokeimenon*) que já sabe por si mesmo. Eles devem saber estar "prontos" ao encontro fazendo um lugar para sua enunciação e para sua elaboração, segundo os tempos e os lugares próprios ao sujeito.

A segunda condição concerne a um saber não saber. Esses parceiros não devem saber no lugar do sujeito, saber o que deve ser a significação do sujeito, o que devem ser os tempos ou os lugares que intervêm em sua elaboração.

Parceiros duplamente necessários

Deduz-se daí que os parceiros não oferecem nenhum encontro à criança, ao contrário, preocupam-se sem cessar no tempo e lugar eleitos pela criança de estarem no encontro do sujeito.

Assim, à "sessão necessária" respondem os parceiros que não cessam, não somente quanto ao tempo e ao espaço, mas também quanto às condições a partir das quais se constituem parceiros: eles não cessam de ser dóceis à enunciação do sujeito, segundo seu tempo e lugar, e eles não cessam de estar em uma posição, e de saber, e de saber não saber.

Assim, o amor de transferência de Abdel se desdobra em direção aos parceiros que se batem para estabelecer um lugar para sua enunciação e para sua significação. Esses parceiros tentam encarnar um campo onde cada um deles é colocado, por Abdel, em posição de sujeito suposto saber estabelecer um lugar para sua enunciação e sua criação de significação.

Diferentemente do que ocorre na transferência analítica, na qual o analista tem fundamentalmente um valor de "obstáculo", ou ele "encarna um não absoluto na dimensão da interlocução",[15] com essas crianças, os parceiros tentam encarnar um sim absoluto à enunciação do sujeito e à sua significação para que esta significação possa constituir um não absoluto e fundamental ao Outro desregrado. O primeiro "não absoluto" visa um desvelamento da defesa do sujeito; enquanto que no caso da psicose, o "não absoluto" é um não ao Outro desregrado para permitir assim ao sujeito de se produzir como uma defesa desse Outro e de se fundar de uma inscrição primeira.

A interpretação e o saber

Pouco a pouco, Abdel, ao introduzir parceiros na sessão necessária, interessa-se pela geografia dos diferentes circuitos da casa, seus pontos de partida, percursos e pontos de escoamento: o da água, do gás, da eletricidade. Depois ele se interessa pelos circuitos do corpo: do sangue, do ar e da alimentação; pelo circuito das casas de seus parceiros, suas mulheres, suas crianças. Ele constrói a árvore genealógica de cada um. Encontradas as duas condições exigidas, Abdel associa os parceiros nesse trabalho de elaboração e verifica junto a eles, a todo instante e por toda parte, o saber que lhe interessa sob a forma de questão: "É o cano do gás? A água passa por onde? Será que os radiadores são contagiosos?" A essas questões não respondíamos. Por quê? Para encarnar o saber não saber em seu lugar, preferíamos fazer nossa a sua questão. Assim, Abdel, para nossa surpresa, respondia ele próprio à questão que formulava. Ele sabia.

Entretanto, mesmo se ele sabia, Abdel perguntava, a cada um de nós, com quem ele ia trabalhar durante o dia, quem ia levá-lo para casa, por que uma criança estava ausente. Se ele não conhecia a resposta e um saber lhe devia ser dado, os parceiros preferiam acompanhá-lo para que ele dirigisse sua questão a um lugar que "devia" saber, que era "obrigado" a saber: o dicionário, Sigmund Freud, Jacques Lacan, o relógio, a diretora, o programa, os cardápios etc.

De forma diferente do que na neurose, a interpretação não vinha como "transtorno", nem como "deciframento",[16] mas como ato do sujeito.

Abdel, pelas suas questões, verificava assim, de um lado, se nós sabíamos constituir um lugar para sua enunciação, para seu direito de interpretar e, do outro lado, se nós não nos tomávamos por aqueles que detêm o saber em seu lugar.

No segundo tempo da sua sessão necessária sob condição, Abdel elabora não só uma significação feita de circuitos, um *ersatz* de simbólico imaginarizado, sulcando assim e mortificando o real do tempo e do espaço, mas se ele constrói também uma interpretação, uma significação quanto aos interditos, à lei, aos perigos, à vida e à morte, à maneira cristã e islâmica, ele se dá uma significação do que deve fazer para ser um homem ou uma mulher.

À medida que ele inscreve sua enunciação e sua significação junto a seus parceiros, a "sessão" se localiza, se limita, se temporaliza, cessa mesmo para Abdel, que se abre mais e mais ao laço social.

A tarefa interpretativa é portanto ato do sujeito: a nós a tarefa de ancorá-la, de localizá-la, de sustentá-la, a fim de que seu ato de criação possa se cifrar, fazer-se letra.

Pontuação e inscrição

No ponto em que na neurose a função do psicanalista é a de "editor, como aquele que pontua o texto",[17] daquele que decifra o texto de gozo do sujeito, na psicose não se pode avançar mais do que tentar realizar um *ersatz* da pontuação por uma sustentação, uma inscrição de sua enunciação e de sua significação para que eles se inscrevam e se localizem junto a seus parceiros? Não se pode dizer que esses parceiros são os impressores, que "compõem", no sentido tipográfico do termo, o texto, que "compõem a enunciação e a significação" do sujeito com os efeitos de ciframento, de sustentação e de inscrição? Ao se fazerem secretários do sujeito, seu texto encontra uma punção, uma ancoragem, uma inscrição que "permite anotar o lugar do gozo."[18]

O tempo da sessão "necessária"

Se Jacques Lacan afastou-se da norma padronizada de um tempo fixo para a duração da sessão, ao introduzir a sessão variável, foi justamente para ir contra as "astúcias do analisando que se serve do tempo previamente determinado, precisamente para os fins da resistência."[19] A sessão curta, com duração variável, faz intervir um tempo fora da medida, um tempo que revive sobretudo o real do tempo, e essa manobra temporal "sob a forma da pressa" permite acentuar "o lugar do analista como real": "o tempo da pressa é um objeto *a*".[20]

Ao contrário, na "sessão necessária" as crianças ainda estão em um tempo real: o tempo e o espaço são um real que não foi simbolizado, medido, cifrado pela significação fálica.

Portanto, o tempo da sessão necessária não pode servir para uma manobra mas deve ser ele mesmo tratado, ser o objeto de uma negativização. Os parceiros têm que se apressar mas em associação a esse tratamento do tempo real.

A inclusão na sessão necessária de parceiros, que não cessam "de estar sob as regras" da enunciação do sujeito, tem também efeitos sobre o tempo e o espaço.

À medida que Abdel elabora suas significações, ele sai de seu fechamento, arrisca-se no laço social, localiza-se muito melhor quanto ao tempo e ao espaço, sua "sessão" torna-se cada vez menos "necessária". Seus tempos de elaboração se reduzem para deixar lugar a um saber de aprendizagem, seus lugares se diferenciam, se articulam. Surge um sujeito que se impõe, que toma posição, que diz não, que tem seus gostos, suas preferências, suas escolhas. Abdel se posiciona quanto aos interditos, ao sexo, à existência e aos objetos da pulsão.

Abdel, pela dupla inscrição, aquela junto aos seus parceiros e a de sua enunciação e de uma significação que lhe é própria, chega a dispensar esses parceiros. Abdel acaba de deixar a Antenne 110. Ele está prestes a ingressar no ensino escolar.

Não poderíamos dizer que ele pôde passar de uma sessão necessária generalizada à possibilidade de se confrontar com a contingência, uma vez que ele teve sucesso em fazer com que sua enunciação e seu saber portassem de certa forma um sulco no real, e sendo assim "no real sob a forma de uma descontinuidade"? [21]

Essa sessão "necessária", na qual o discurso analítico é inaplicável, exige portanto quaisquer parceiros, parceiros que venham completar essa sessão de um desejo a cada vez particular e oriundo de nossa prática interdisciplinar. O efeito dessa prática manteve os parceiros de Abdel em uma posição de saber disjunta da presença da demanda, e acolheu assim uma construção nova de Abdel.

IV

Fim de série

Foi a Última Sessão...

Patrick Monribot

Um punhado de horas na presença dos passadores por todo um tratamento exigiu do passante apressado uma concisão da proposta desde o início do testemunho. Não há tempo para a divagação. A primeira pergunta em face da expectativa silenciosa do passador foi a de saber por onde deslanchar.

A improvisação, a intuição, e sem dúvida uma lógica ignorada o instaram a começar pelo fim, a relatar em detalhes o que ele considerava como sua última sessão.

"Foi a última sessão e caiu o pano":[1] eis um dito conhecido e muito repetido. Ele foi colocado aqui na acepção freudiana de que final de análise e interrupção das sessões coincidem, porém ainda é preciso traçar o itinerário que conduziu a este ponto de finalização.

De fato, como o próprio passante, e depois os passadores e os cartéis puderam determinar a pertinência e a precisão do término neste exato caso? Qual é o teor da segurança — na falta de uma garantia — de uma tal assertiva? É um saber ou uma aposta? A escutar ou a deduzir? Como distinguir término de interrupção? O dilema poderia ser resumido assim: momento de conclusão de um tratamento... ou conclusão de um momento do tratamento? É bem essa a questão que separa o Passe na entrada do Passe conclusivo. Pois também os momentos do tratamento são ultrapassados — tal como a travessia da fantasia — e os efeitos desses avanços podem dar asas, até mesmo ilusões de finitude.

Certeza e convicção

O passante se propôs um dever de convencer. Para isso, contribuiu um tom seguro, um tom mestiço de sinceridade, em ruptura com seu habitual lado "duvidoso", e propício a conquistar o passador para sua causa. Mas isso não basta. Há pouco tempo, um ex-AE da ECF[2] chamava a atenção sobre o valor de verdade da sinceridade, verdadeiro "ideal quimérico" que, antes, convoca posturas imaginárias, e que, malgrado seu ar de nobreza, " não passa, na realidade, de uma das máscaras egóicas". O passante deve fornecer uma prova que decorra mais do sujeito do que do eu (*moi*). O passe, em seu pleno dispositivo, toma ares de prova. Ele poderia mesmo ser definido assim: fazer passar a certeza de um (o passante) à convicção do outro (o cartel).

Convicção, por parte do cartel — e nada mais—, pois não há garantia absoluta; a questão será a de reduzir a probabilidade de erro de apreciação.

Certeza, do lado do passante, como mais além da sinceridade. A imagem seria a de um barco atracando em uma nova margem; o passageiro não sabe necessariamente onde está, mas está seguro de haver chegado, pelo menos em terra firme.

Haver tocado a borda constitui o ponto de certeza, e o que está em jogo no passe é comunicar seu contorno. Com a margem é, assim, a referência ao litoral que equilibra a balança nesta questão.

Do divã ao passe: os fatos

O sujeito não sabe qual é o dia em que a próxima sessão será a última. Desde cedo, uma tristeza inabitual, paradoxal e inexplicada o abate. No meio da tarde, ele saberá a razão: a análise está terminada.

Ele apreende esta intuição numa fração de segundo e tem a certeza, pois se vê confrontado com um novo tipo de furo. Não mais o significante do furo que havia marcado sua vida e seu tratamento, mas um furo no significante, um impossível de decifrar mais adiante: nada mais a extrair, nenhum grão a moer.

Resta participar ao analista, no fim da jornada. Durante a sessão, uma metáfora recorrente retorna: muitas vezes ele quis largar as malas como se depõe as armas. Muitas vezes o analista havia feito objeção. Desta vez, não há malas a largar; o sujeito torna a partir com elas, mas elas estão vazias.

Separar-se do analista é um passo a mais que pode tomar um tempo variável. Neste caso, uma só sessão foi suficiente. Isto não era coisa de pouca importância, para este grande inválido em relação às separações a que fora sujeito.

Cortina sobre dezoito anos de análise, sem outra forma de adeus e não sem emoção. Aquele que, durante a análise, jamais quis ou pôde verter uma lágrima, por motivo neurótico de que "era coisa de mulher", se encontra na rua, perturbado, aos soluços agora reencontrados, porém nada triste.

Neste momento de concluir, um "saber quanto ao limite" substitui o limite de saber. O sujeito guarda as malas (mesmo esvaziadas de seu gozo em excesso), pois, de fato, são elas que o possuem. Esta é toda a questão do gozo residual e do irredutível do sintoma. As malas o possuem — e reciprocamente — devido a identificação ao sintoma; se virar com sua mala, é consentir a isso: "Eu sou como eu sou."[3]

O *post-scriptum* desta última sessão será o Passe. ("*Scriptum* pois aí é questão da letra.") O Passe tornado possível, não foi uma obrigação mas uma necessidade. Nisso, ele é homogêneo à categoria lógica do sintoma. O sujeito candidato não queria especialmente ser AE. Aliás, como responder, por antecedência, a uma tal questão de outro modo senão nos termos imaginários de inveja ou de medo?... Ele simplesmente corria o risco. Ele queria sobretudo fazer valer a solução original para seus impasses e esperava, em troca, a opinião do cartel: um tipo de *deal*.

Mais além das construções?

Este é o conjunto das construções que validaram aquela sessão como última. Com respeito a isto, tudo é precioso: da neurose infantil à travessia da fantasia, desta última ao achado sintomático da saída, não há carne de segunda no testemunho. O importante é que estas construções tenham operado à maneira de um jogo de "lego" descompletado de toda peça final. Elas permitiram fazer surgir, se escrever, uma letra de gozo, aqui o *frisson* (a febre) e mais globalmente o estado febril. Estas manifestações físicas haviam marcado dramaticamente a vida ameaçada do sujeito quando criança; ele as reencontrou pouco antes do final do tratamento, atadas à inquietação que ele tinha quanto à instituição analítica, então em crise,. Estes reencontros tomaram o aspecto de um enunciado em público: "A AMP está ameaçada, ela está com febre, isso me dá calafrios."[4]

O sujeito foi reenviado à etimologia por seu interlocutor, isto é, à letra de gozo da palavra *frisson*. Algumas semanas depois, ele concluía seu tratamento e pedia o Passe.

A letra, embora seja precipitação do significante, não tem suas propriedades: ela é idêntica a si mesma e não se encadeia à procura de sentido. Pelo contrário, ela rubrica o não sentido radical de um traço primário de gozo — (S1 sozinho). Por aí se prova, se atesta sua função de borda do Real; seu trajeto (ou traçado) vem fazer limite a uma tensão em direção a um impossível de dizer ou de saber.

Durante uma jornada dos AE em Bruxelas, uma colega, AE da EEP, formulou a questão de provar a afinidade entre as construções e o Real.[5]

No particular deste caso, podemos encetar uma resposta. Ao final do trabalho de construção, prosseguido durante o procedimento, o passante pôde experimentar esse limite, como ponto de fuga a toda perlaboração e ponto de basta às construções. Por ocasião da entrevista com um dos passadores, ele é tomado de um brusco acesso de febre e sente calafrios, a ponto de interromper o encontro. Esta última presentificação do sintoma como "acontecimento de corpo", assinalava o retorno do Real, sob a modalidade de um traço de gozo.

Formulemos a tese de um acontecimento de corpo, surgindo no espaço e no lugar do que não se pode construir (e não do não construído). Verifica-se a proposição de "Lituraterre" onde a letra faz litoral entre gozo e saber: "A borda do furo no saber, eis o que ela desenha."[6]

"Ver onde está o furo"

"O saber não descobre nada... pois ele inventa",[7] nos disse Lacan. Idem para as construções que inventam para bordear o furo desenhando as condições de emergência da letra. "Para ver onde está o furo, é necessário ver a borda do Real."[8]

E a letra de calafrio, de febre e de estado febril participa, inclusive no corpo, desse fenômeno de "visibilidade" da borda. É esse o resíduo da operação analítica.

"Ver onde está o furo" tem conseqüências; o sujeito não está mais no mesmo lugar. Toda espessura de sua vida tendia a desmentir o furo. Ele agora pode fazer o desmentido saudar o sintoma em seu valor sintomático. Este último já havia se enraizado no tratamento, mas restava formalizá-lo no passe, onde foi elaborada sua fórmula depurada. Para resumi-la nós a chamaremos de *ménage à trois*. Uma possibilidade inédita de amar e de trabalhar puderam se conjugar: uma mulher, de bom grado, quis prestar-se a um amor descompletado por meio de um novo laço com a Escola de Lacan. Esta conclusão, acompanhada dos acontecimentos de corpo, saldou o passe.

Conclusão

Eis então a prova validando "a última sessão", através da qual a certeza do passante pôde contaminar o cartel, via seus agentes de contágio que são os passadores.

Duas observações para concluir:

— A última sessão, não exclui o porvir de uma sempre possível retomada da análise: certos AE o fizeram ou poderiam fazê-lo. Mas a retomada não está no "*continuum*" e não invalida a conclusão precedente.

— Enfim, se outros puderam continuar o tratamento para além de uma nomeação, isto mostra bem que a cronologia da última sessão não é somente diacrônica, e que ela participa de um tempo lógico independente do calendário.

SESSÃO DE UMA VIDA

Virginio Baïo

Por que Jacques Lacan tem razão quando, em "Função e campo da fala e da linguagem em psicanálise" ele diz que "a técnica não pode ser compreendida nem corretamente aplicada, portanto, quando se desconhecem os conceitos que a fundamentam"?[1]

A sessão é analítica com a condição de ser homogênea ao ato analítico. Isto é, com a condição de que a tática espaço-temporal que intervém na sessão seja homogênea à estratégia transferencial e à tática interpretativa. O que significa homogêneo? Homogêneo vem do grego e é composto por "omos", mesmo e por "genos", gênero. Isso quer dizer que, empregando uma metáfora de Jacques Lacan,[2] assim como "há algo de comum entre a folha, a maneira como se imbricam e se inserem as nervuras da folha e toda a planta", a tática e a estratégia da sessão analítica devem trazer em si as "nervuras" do ato analítico. Ato graças ao qual o analisante encontra o "programa" fantasmático que ele é como "resposta do real". Como observar que a sessão analítica traz as nervuras do ato? Tentarei, com duas seqüências clínicas, distinguir as sessões sintomáticas das sessões analíticas.

Sessões sintomáticas

Durante vários anos, A, que instalou-se como analista, convoca seus analisantes em um campo orientado segundo as regras standard do dispositivo da sessão analítica. Este campo é "previamente determinado": a freqüência, a duração, as horas da semana, o número de sessões, o lugar: tudo acontece segundo uma regulação espaço-temporal estabelecida de antemão e simbolicamente imutável. Após duas ou três sessões de "anamnese", A dá aos analisantes a regra da associação livre e fica durante anos imperturbavelmente silencioso.

Os analisantes associam, produzem suas identificações significantes, suas significações de gozo; eles desenrolam suas cadeias significantes com uma meticulosidade obsessiva.

Após alguns anos, de maneira precipitada e inesperada para A, os analisantes interrompem suas análises.

Sessões analíticas

Em seguida aos impasses aos quais ele conduz suas curas e ao estado quase permanente de angústia em que se encontra, apesar de seus sucessos sociais, A retoma então sua análise que ele havia interrompido. Sua demanda endereçada ao analista B já traz em si uma questão: por que as identificações significantes não aliviam a sua angústia?

O primeiro encontro com o analista B é para A um instante cada vez mais perturbador. A encontra no analista B a encarnação de um Outro intratável, fora de qualquer referência. A crê já estar em análise, mas depois de um sonho ele descobre que somente neste momento ele é orientado analiticamente. No sonho, A, convidado para uma recepção que o analista B dá em sua casa, passeia pelos grandes salões para se fazer notar por seu analista. Sua demanda rateia porque o analista está ocupado olhando alhures. É aí que A percebe que sua demanda é enfim uma demanda orientada pelo desejo do analista, na medida em que esta demanda investe o analista de um objeto pulsional ao qual B não responde. É somente neste momento que o analista indica a A o divã.

"Quando devo vir?" "Venha!" é a resposta do analista. Um "venha" escutado por A como fora de sentido, sem limites, sem laço. A se sente exposto a um analista sem regras, que não se atém aos standards simbólicos do dispositivo, que não leva em conta nem tempo, nem distâncias, nem limites do trabalho aos quais A está submetido: a encarnação para A do capricho. O tempo e o espaço não são regrados, eles não vêm regrar a presença do analista nem dar uma referência a A. O analista é a regra e sua regra que o regra é o real, que condiciona tempo, espaço e modalidades da presença do analista.

A se vai, parando suas sessões analíticas somente após vários anos, uma vez que ele encontrou a interpretação de seu desejo no programa fantasmático. Ele escolhe então continuar na sua posição de analisante. Mas analisante que sabe, pelo ato, do "mal-entendido" que ele tinha construído para si, para se defender do real. Agora ele sabe que lhe resta a responsabilidade de uma escolha que não pára de se colocar: a de continuar a ceder à sua resposta fantasmática ou, ao contrário, de se fazer analisante que se expõe a morder o real.

I. Simbólico e real

Como compreender estas sessões nas duas curas? Elas são homogêneas ao ato analítico?

A dirige a cura apostando no simbólico do dispositivo da sessão como taumatúrgico, capaz, pelo poder do próprio dispositivo, de levar o analisante a apreender sua verdade fantasmática. A aplica o dispositivo sem se preocupar com as condições para que o ato seja possível. Condições observáveis por um lado na subjetivação do sintoma e por outro na ereção do sujeito suposto saber. A aposta no tempo, não como real mas como contado, medido, mortificado, simbolizado.[3]

Mesmo se os analisantes de A desenrolam nas sessões suas cadeias significantes, essas cadeias significantes não são orientadas, elas não são colocadas em tensão entre o real opaco incluído na repetição significante e a espera de um saber interpretativo a vir do sujeito suposto saber. Na ausência deste "tensionamento", as sessões são o lugar e o tempo de um relato de pessoas, relato que não é em nada diferente do blablablá terapêutico da rua. O seu dizer não é orientado pelo desejo do analista mas simplesmente pelo desejo do Outro, pelo desejo de uma outra versão do pai. O seu dizer nada mais é do que uma enésima repetição sintomática, isto é, uma demanda de se dotar de uma nova identificação. Pela regulação do tempo das sessões, reduzido a sua medida simbólica, A "colabora" com a estratégia de sujeitos em posição obsessiva", que, com suas espertezas, se servem do tempo previamente determinado da sessão para os fins da resistência.[4]

Segundo a leitura que Jacques-Alain Miller faz disso, o analista B dirige o tratamento encarnando o real. Ele empresta seu corpo ao real para que o analisante responda a este real por sua interpretação fantasmática. Ele encarna o real tornando-o "consoante"[5] de maneira interpretativa com a versão fantasmática do analisante. Ele sabe dar o tempo na medida em que "é o real do desejo do analista, desejo sem cobertura fantasmática, que dá a medida, o corte, a escansão.

Assim o analisante faz uma segunda vez a experiência (não mais no tempo da causação do sujeito, mas na sessão analítica onde, no encontro com o real do desejo do analista, ele se faz resposta do real encarnado pelo analista) do "lugar que o fantasma sustenta para o sujeito, (...), o lugar do real".[6]

É a este lugar, ao lugar do real, que o analista vem.[7] Ele vem, poder-se-ia dizer, como um Jano bifronte que faz borda entre discurso e real. Este lugar do real é ao mesmo tempo fora do discurso e presença real: fora do discurso, na medida em que este real fora do discurso, encarnado pelo analista, atrai para ele a resposta que o analisante construiu para se defender dele; presença real, que passa por manobras que são consoantes com o real do Outro e não com o Outro da norma ou o Outro do desejo.

Na sessão analítica é a este "lugar do real que o analista"[8] vem dar corpo pelo "tom, pela voz, pelo acento, e mesmo o gesto e o olhar".[9] Suas manobras, seu modo de presença, do tratamento do tempo da sessão são consoantes com esta "figura do real"[10] que é o analista no seu valor estratégico de encarnar o obstáculo, um não absoluto.[11] O estilo, a maneira de encarnar este lugar do real, ligado à sua presença física, seus ruídos, seus olhares sem olhos, sua maneira de atravessar o ar, de andar com o risco de cair em cima de você: tudo remete a um real, fora do discurso que "atrai todo para ele" o discurso do analisante.

Por seu estilo o analista "se iguala à coisa inominável",[12] "contrastando" (em latim, *contra-stare*, ficar de pé, contra), ficando totalmente contra o real, de uma maneira avisada, isto é, vibrando e consoando com a interpretação do analisante.

A presença real do analista, que subverte o tempo e o espaço da sessão em tempo e espaço real, transborda a sessão mesma vindo introduzir uma descontinuidade no entorpecimento fantasmático da vida cotidiana do analisante. Um outro tempo se infiltra no tempo simbólico do cotidiano: o analisante se coloca na hora, na medida não mais da medida fálica, mas na medida e no tempo do real da presença do analista.

Real do tempo para compreender, como o diz Jacques Lacan: o real que "é sem lei, que não tem ordem, que implica a ausência de lei".[13] Lá onde o silêncio de A é da ordem da mortificação simbólica, o silêncio de B é uma recusa a responder, uma figura do real que não responde.

A interpretação de A, que crê estar diante de um Outro caprichoso, sem lei, cai diante da descoberta que é o real que é sem lei:

o Outro caprichoso era o rosto de Jano que mascarava o rosto de Jano real.

II. Sessão analítica e passe

Se, como propõe Jacques-Alain Miller, considera-se retroativamente, a partir do passe, o passo inicial de A, a entrada em análise "poderia aparecer de início como um quase passe".[14]

A partir daí, se o passe aparece como momento de concluir, não se poderia verificar se há um laço entre sessão analítica, tempo lógico de uma análise e passe? Poder-se-ia então escutar este "quase-passe" inicial como o instante de ver em que o analisante subjetiva seu sintoma, instante que inaugura a série de sessões que são então analíticas, instante primeiro que coincide com um encontro do real.[15]

Este instante de ver introduz então o analisante no segundo tempo da análise, tempo de compreender, tempo da sessão analítica em que o analisante elabora e constrói sua interpretação. Para responder à presença real do desejo do analista, que opera por uma interpretação ao avesso,[16] o analisante constrói, na sessão, a interpretação que ele tinha feito para si como resposta do real. Isso corresponde a um segundo tempo de passe, tempo de um passe do qual "o analista é um passador, o passador do sujeito junto ao Outro".[17]

O terceiro tempo de passe corresponde ao momento de concluir, ao momento sobre o qual abre a travessia da fantasia. A sessão analítica se funda então sobre um: "E agora, que resposta fazer para mim do real?" É durante este tempo de concluir, que se inscrevem já os fundamentos de uma Escola, onde ao analista como sujeito suposto saber sucede o analista como passador junto ao Outro da Escola. Este momento de concluir do passe antecipa o encontro com o dispositivo do passe, dispositivo simbólico que implica o feito por vários dos passadores e do cartel da Escola.

III. Passe e seção de uma vida

"O passe, diz Jacques-Alain Miller, é uma espécie de alfândega, mas uma alfândega onde não se lhes pede os seus documentos de identidade. Pede-se-lhes ao contrário para demonstrar que vocês não têm mais documentos de identidade."[18]

Este terceiro momento de concluir do passe já é um momento da análise em que o analisante avança face ao real desnudo, sem documentos, sem o Outro da alfândega, só com o fio de Ariadne de S(Ⱥ). É com isso que ele tenta dar uma mordida no real. Neste momento de concluir o analisante fala, não mais programado por a, mas ele tenta falar vindo a este lugar de S(Ⱥ), tentando vir ao encontro de uma nova sessão, que o próprio real lhe dá, na aposta de confrontá-lo com a montagem de um novo saber.

O momento de concluir do passe funda e inaugura uma nova sessão que se renova sem cessar, a sessão de uma vida onde os novos parceiros do analisante são o real e a Escola.

Ele saberá, ainda analisante, fazer sempre para si um campo, ao colocar em tensão o real e a Escola? Para que este campo da Escola seja "consoante" com o silêncio do real?

NOTAS

I. Uma questão ética

A sessão freudiana, *por Anne Lysy-Stevens*

1. Freud S., "A questão da análise leiga" (1926) *ESB*, vol.XX, Rio de Janeiro, Imago, 1969 [*La question de l'analyse profane*, Paris, Gallimard, 1985].

2. Ibid., p.211 [Gallimard, p.29].

3. Ibid., p.214-5 [Gallimard, p.33-6].

4. Ibid., p.214 [Gallimard p.34-5].

5. Ibid., p. 211-4 [Gallimard, p.36-8].

6. Ibid., p.257 [Gallimard, p.97].

7. Freud, S., "Um estudo autobiográfico" (1925), *ESB*, vol.XX, op.cit. p.57 [*Sigmund Freud présenté par lui-même*, Paris, Gallimard, 1984, p.72].

8. Freud, S. "A história do movimento psicanálitico", *ESB*, vol. XIV, p.25-35 [*Sur l'histoire du mouvement psychanalytique*, 1925, Paris, Gallimard, 1991, p.21-32.]. Cf. principalmente: A teoria do recalque é no presente o pilar sobre o qual repousa o edifício da psicanálise (p.26) [Gallimard, p.29)] e: O fato da transferência (...) sempre surgiu como a prova a mais inabalável da origem sexual das forças pulsionais da neurose (p.22) [Gallimard, p.23].

9. Lacan, J., *O Seminário,* livro 1, *Os escritos técnicos de Freud*, Rio de Janeiro, Jorge Zahar, 1986, p.25; "A direção do tratamento", in *Escritos*, Rio de Janeiro, Jorge Zahar, 1998, p.592 [*Le Séminaire*, livre 1, *Les écrits techniques de Freud*, Paris, Seuil, 1975, p.22 e 24; "La direction de la cure et les principes de son pouvoir", in *Écrits*, Paris, Seuil, 1966, p.586].

10. Freud o fez após o Congresso de Salzburgo, onde ele expôs o caso do Homem dos Ratos, do qual a cura tinha terminado seis meses antes; ele não havia ainda redigido a exposição do caso nas cinco psicanálises. Ver E. Jones, *La vie et oeuvre de Freud*, t.2, Paris, PUF, p.245 e 281.

11. Lacan, J., *O Seminário*, livro 1, op.cit., p.16-7 [*Le Seminaire*, livre 1, op. cit., p.14-5].

12. Freud, S., "Recomendações aos médicos que exercem a psicanálise", *ESB*, vol.XII, p.149 ["Conseils aux médecins sur le traitement analytique", in *La technique psychanalytique*, Paris, PUF, 1977, p.61].

13. Freud, S., "Sobre o início do tratamento", *ESB*, vol.XII, p.164 ["Le début du traitement", in *La technique psychanalytique*, op. cit., p.80].

14. Lacan, J., *O Seminário*, livro 1, op.cit., p.18 [*Le Séminaire*, livre 1, p.16].

15. Freud, S., "Recomendações aos médicos..." op.cit, p.149 ["Conseils aux médecins...", op. cit., p.61].

16. Freud, S.,"A psicoteria da histeria", *ESB*, vol.II, op. cit., p.311 ["De la psychothérapie", in *La technique psychanalytique*, p.12].

17. Freud, S., "Publicações pré-psicanalíticas" (1920), *ESB*, vol.XVIII, op.cit. ["Sur la préhistoire de la technique analytique", in *Résultats, idées, problèmes*, I, Paris, PUF, 1984, p.257-258].

18. Freud, S., "Sobre a psicoterapia", *ESB*, vol.VII, op.cit., p.270 ["De la psychotérapie", op. cit., p.12].

19. Freud, S., "Sobre o início do tratamento", op.cit., p.176 ["Le début du traitement", op. cit., p.93].

20. Ibid., p.176 [PUF p.80].

21. Freud, S., "Recomendações aos médicos...", op.cit, p.149 ["Conseils aux médecins...", op. cit., p.61].

22. Freud, S., "A psicanálise silvestre", *ESB*, vol.XI, p.212 ["À propos de la psychanalyse dite 'sauvage'", in *La technique psychanalytique*, p.41].

23. Freud, S., "Sobre o início do tratamento", op. cit., p.164 ["Le début du traitement", op. cit., p.80-1].

24. Cf. diversos artigos de "Artigos sobre a técnica" [*La technique psychanalytique*, p.7, 16-7,27, 81, 139].

25. Freud, S., "Sobre o início do tratamento", op. cit., p.164 ["Le début du traitement", op. cit., p.81].

26. Freud, S., "Recomendações aos médicos...", op. cit, p.150 ["Conseils aux médecins...", op. cit., p.62].

27. Freud, S., "O método psicanalítico", op. cit., p.259-60 ["La méthode psychanalytique de Freud", in *La technique psychanalytique*, p.3-5].

28. Ibid., p.257-8, e "A questão da análise leiga", op. cit. p.249 [Gallimard, p.4-5, e La question de l'analyse profane, op. cit., p.87].

29. Freud, S., "Uma breve descrição da psicanálise" (1924), *ESB*, vol.XIX, p.244 ["Petit abrégé de psychanalyse", in *Résultats, idées, problèmes*, II, Paris, PUF, 1985, p.102].

30. Lacan leu a resistência nesses textos de Freud na sua dimensão discursiva; ver sobre esse assunto principalmente *O Seminário*, livro 1.

31. Freud, S., "O método psicanalítico", op. cit., p.260 ["La méthode psychanalytique de Freud", op. cit., p.4].

32. Freud, S., "Uma breve descrição da psicanálise", op. cit., p.245; e também "O método psicanalítico", op. cit., p.260; e "Linhas de progresso

na terapia analítica", ESB, vol.XVII, p.201 ["Petit abrégé...", op. cit., p.103 e também "La méthode psychanalytique de Freud", op. cit., p. 4, e "Les voies nouvelles de la technique psychanalytique", op. cit., p.131].

33. Freud, S., "Sobre o início do tratamento", op. cit., p.149-50 ["Conseils aux médecins...", op. cit., p.61-2].

34. Cf. J. Lacan, "Situação da psicanálise e formação do psicanalista", in *Escritos*, op.cit., p.473-4 ["Situation de la psychanalyse et formation du psychanalyste en 1956", in *Écrits*, p.471 e S. Cottet, *Freud et le désir du psychanalyste*, Paris, Seuil, 1996, p.22].

35. Freud, S., "Sobre o início do tratamento", op. cit., p.150 ["Conseils aux médecins...", op. cit., p.62].

36. Lacan, J., "Variantes do tratamento-padrão", op. cit., p.360; e Freud, S., "Uma neurose infantil", *ESB*, vol.XVII, op. cit. ["Les variantes de la cure-type", in *Écrits*, op. cit., p.358. Freud, S., "Extrait de l'histoire d'une névrose infantile", in *Cinq psychanalyses*, Paris, PUF, 1979].

37. Freud, S., "Recomendações aos médicos...", op. cit, p.153 ["Conseils aux médecins...", op. cit., p.65].

38. Freud, S., "O manejo da interpretação de sonhos na psicanálise", *ESB*, vol.XII, p.126 ["Le maniement de l'interprétation des rêves en psychanalyse", in *La technique psychanalytique*, p.48-9].

39. Freud, S., "Sobre o início do tratamento", op. cit., p.178 ["Le début du traitement", op. cit., p.96].

40. Freud, S., "Recomendações aos médicos...", op. cit, p.158 ["Conseils aux médecins...", op. cit., p.71].

41. Ibid., p.154 [PUF, p.66-7]. Já dois anos mais tarde, em "As perspectivas futuras da terapêutica analítica" (1910), *ESB*, vol.XI, p.130, Freud apresenta como uma inovação técnica a obrigação para o médico de se submeter a uma análise, a fim de reconhecer e dominar sua contratransferência (*La technique psychanalytique*, p.270).

42. Cottet, S., op. cit., p.131

43. Freud, S., "Sobre o início do tratamento", op. cit., p.175-9 ["Le début du traitement", op. cit., p.94-97].

44. Freud, S., "Recordar, repetir e elaborar", *ESB*, vol.XII, p.202, o grifo é nosso ["Remémoration, répétition et perlaboration", *La technique psychanalytique*, p.114-5].

45. Essa confiança dirigida à regra fundamental não implica a confiança destinada ao analista ou à psicanálise: a atitude do paciente sobre esse ponto importa pouco, pois não é senão um sintoma que não poderia prejudicar o tratamento, se o paciente se conforma conscientemente à regra fundamental ("Sobre o início do tratamento" p.167) [Le début du traitement, p.83].

46. Ibid., p.168-9 [PUF, p.86-8].

47. Freud, S., "O método psicanalítico", op. cit., p.262 ["La méthode psychanalytique de Freud", op. cit., p.8].

48. Roazen, P., *Comment Freud analysait*, Paris, Navarin, 1989, p.32-3.

49. Freud, S., "Sobre o início do tratamento", op.cit., p.172 ["Le début du traitement", op. cit., p.88].

50. Freud, S., "Sobre a psicoterapia", op.cit., p.272 ["De la psychotérapie", p.15].

51. Freud, S., "Sobre o início do tratamento", op.cit., p.168-70 ["Le début du traitement", op. cit., p.84-6].

52. Ibid., p.169 [PUF, p.86].

53. Freud, S., "O manejo da interpretação de sonhos na psicanálise", op. cit., p.122. ["Le maniement de l' interprétation des rêves en psychanalyse", op. cit., p.44].

54. Freud, S., "Recordar, repetir e elaborar", op. cit. p.193, o grifo é nosso ["Remémoration, répétition et perlaboration", op. cit., p.106].

55. Em "O manejo da interpretação de sonhos na psicanálise", op.cit. ["Le maniement..."], Freud precisa que não é preciso temer perder muito por interromper a análise de um sonho no final de uma sessão, porque é preciso jamais, para o benefício de uma interpretação de sonhos interrompida, descuidar de usar tudo o que vem ao pensamento do doente (p.122) [PUF p.45].

56. Freud, S., "Sobre o início do tratamento", op. cit., p.174 ["Le début du traitement", op. cit., p.91-2].

57. Freud, S., "A psicanálise silvestre", op. cit., p.212 ["À propos de la psychanalyse dite 'sauvage'", op. cit., p.41].

58. Freud, S., "A dinâmica da transferência", op. cit., p.143; "Recordar, repetir e elaborar", op. cit. p.196 ["La dynamique du transfert", op. cit., p.60 e "Remémoration...", op. cit., p.111].

59. Freud, S., "Recordar, repetir e elaborar", op. cit., p.200 ["Remémoration...", op. cit., p.113].

60. Ibid., p.199 e "A dinâmica da transferência" op. cit., p.143 ["La dynamique du transfert", p.60].

61. Freud, S., "Recordar, repetir e elaborar", op. cit., p.201 ["Remémoration...", op. cit., p. 114].

62. Freud, S., "Observações sobre o amor transferencial", *ESB*, vol.XII, p.210-3 ["Observations sur l'amour de transfert", in *La technique psychanalytique*, p.124-7].

63. Lacan, J., "A direção do tratamento e os princípios de seu poder", in *Escritos*, op. cit. p.603 ["La direction de la cure...", in *Écrits*, p.597].

64. Freud, S., "Observações sobre o amor transferencial", op. cit., p.208-12 ["Observations sur l'amour de transfert", op. cit., p.118 e 128].

65. Ibid., p.210 [PUF, 124].

66. Freud, S., "Linhas de progresso na terapia analítica", op. cit., p.205 ["Las voies nouvelles de la thérapeutique analytique", op. cit., p.137]. Lacan critica a tradução francesa em termos de frustração, pois não encontramos nenhum traço disso em Freud; *Versagung* implica renúncia, cf.

Lacan, J., "Situação da psicanálise...", in *Escritos*, op. cit., p.462-3 ["Situation de la psychanalyse en 1956", in *Écrits*, op. cit., p. 460-1].

67. Freud, S., "Observações sobre o amor transferencial", op. cit., p.211 ["Observations sur l'amour de transfert", op. cit., p.122].

68. Freud, S., "Linhas de progresso na terapia analítica", op. cit., p.205 ["Les voies nouvelles...", op. cit., p.135].

69. Ibid., p.205-7 [PUF 135-7]. Ver também sobre esse ponto da manutenção do sofrimento e de desejos insaciados, p.103 e 122sq.

70. Freud, S., "Sobre o início do tratamento", op.cit., p.176 ["Le début du traitement", op. cit., p.93].

71. Ibid., p.176 [PUF, p.93].

72. Ibid., p.182 [PUF, p.99].

73. Cottet, S., op. cit., p.151-3.

74. Cf. Freud, S., "Observações sobre o amor transferencial", op. cit., p.219; "Recomendações aos médicos...", op.cit, p.153 ["Observations sur l'amour de transfert", op. cit., p.130 e "Conseils aux médecins...", op. cit., p.65].

A ficção da sessão, *por Horacio Casté*

1. Roazen, Paul, *Cómo trabajaba Freud*, Barcelona, Paidós/Campo Freudiano, 1998.

2. Lynn, D.L. e Vaillant, G.E. "Anonimato, neutralidad y confidencialidad en el verdadero método de Freud: Revisión de 43 casos, 1907-1939". *The American Journal of Psychiatry*, ed. esp., vol.1, nº3, p.209, julho 1998.

3. Lacan, J. *O Seminário*, livro 11. *Os quatro conceitos fundamentais da psicanálise*, Rio de Janeiro, Jorge Zahar, 1988 [Seminario XI, *Los cuatro conceptos fundamentales del psicoanálisis*, Barcelona, Paidós, p.14, 1987].

4. Donnet, J.-L. "Sur l'institution psychanalytique et la durée de la séance", *Nouvelle Revue de Psychanalyse*, nº20, 1979.

5. A questão do "contrato" está extensamente desenvolvida em: Menninger, K.A. e Holzman, P.S., *Teoría de la técnica psicoanalítica*, Buenos Aires, Psique, 1974.

6. Lacan, J., "Del psicoanálisis en sus relaciones con la realidad", *Intervenciones y Textos*, 2, Buenos Aires, Manantial, 1988.

Contingência e regularidade, *por Adriana Testa*

1. Bernfeld, Siegfried, "On psychoanalytic training" (10 de novembro de 1952), in *Psychoanalytic Quarterly*, vol.31, nº4, Nova York, 1962, p.453-82.

2. Miller, Jacques-Alain, *Escisión, excomunión, disolución*, Buenos Aires, Manantial, 1987, p.9-22.

3. Lacan, Jacques, *O Seminário*, livro 11, *Os quatro conceitos fundamentais*, Rio de Janeiro, Jorge Zahar, 1988 [*El Seminario*, libro 11, *Los cuatro conceptos fundamentales del psicoanálisis*, Buenos Aires, Paidós, 1987, p.61 e 62].
4. Ibid., p.62-7.
5. Miller, Jacques-Alain, "Despertar", in *Matemas I*, Rio de Janeiro, Jorge Zahar, 1996, p.103. ["Despertar", in *Matemas I*, Buenos Aires, Manantial, 1987, p.117-21].
6. Ibid., p.119.
7. García, Germán, El curso de las pasiones, lição de 5 de agosto de 1999, inédito.
8. Miller, Jacques-Alain, "El reverso de la transferencia" (março de 1991), *Uno por Uno*, nº20/21, Buenos Aires, 1991, p.28.
9. Ibid., p.28.

Um tabu, *por Carlos Dante García*

1. "Jornadas sobre a psicose na criança", *El Analiticon*, 3, 1987.
2. Aznar, Esther, "El encuadre: Instrumento psicoanalítico o instrumento de alienación?", Simpósio "El encuadramento en psicanálise, Soc. Psicoan. de Caracas, 1992.
3. Carta a Ferenczi de 4.1.1928
4. "La primera hora psicoanalítica", III Congresso Panamericano de Psicanálise., Nova York, 1969.
5. Lacan, J., 'Función y campo de la palabra y del lenguaje en el psicoanálisis", in *Escritos* 1, Siglo XXI, p.298
6. Ibid., p.298.
7. "Fundamentos psicológicos del análisis del niño", in *Obras completas*, Buenos Aires, Paidós-Hormé, 1974, cap.1.
8. "La técnica del análisis temprano", in *Obras completas*, Buenos Aires, Paidós-Hormé, 1974, p.161, n.20.
9. Klein, M., op. cit., p.182.
10. Donald Meltzer, *El proceso psicoanalítico*, Lumen-Hormé, 1996.
11. Obra citada, cap.7: "El ciclo desl processo en la sesión individual".
12. Millonschick Cecilia Sinay, Paidós.
13. Obra citada, capítulo "Se puede proponer una ciencia libre com parámetros fijos?".

II. Do lado do analista

Presença do analista. Não sem o corpo... *por Christiane Alberti*

1. Lacan, J., *Le Séminaire*, livre I, *Les écrits techniques de Freud*, Paris, Seuil, 1975, p.53.

2. Maurice Bouvet é um dos representantes mais importantes na França da doutrina da relação de objeto. Às vezes sem citá-lo, Lacan comenta em diversas ocasiões as posições de Bouvet sobre a situação analítica. Num sentido, "Variações do tratamento padrão" e "A direção do tratamento" podem ser lidos em parte como uma resposta de Jacques Lacan ao que ele batiza de "a psicanálise dita de hoje", segundo Bouvet e sobretudo em seu manifesto teórico "A clínica psicanalítica. A relação de objeto", publicado em *A relação de objeto.*

3. Bouvet, M., *Oeuvres psychanalyques*, I, *La relation d'objet*, Paris, Payot, 1967, II, *Résistances, transfert*, Paris, Payot, 1968. O conjunto das obras de Bouvet estão publicados nesses dois volumes.

4. Bouvet, M., "La cure-type" (1954), *Résistances, transfert*, p.9-96.

5. Lacan, J., "La direction de la cure et les principes de son pouvoir", *Écrits*, Paris, Seuil, 1966, p.609.

6. Bouvet, M., "Importance de l'aspect homosexuel du transfert" (1948), *La rélation d'objet*, p.21.

7. Lacan, J., "La direction de la cure et les principes de son pouvoir", *Écrits*, op. cit., p.610.

8. Ibid., p.639-40.

9. Miller, J.-A., "Come iniziano le analisi", *La Cause Freudienne*, 29, onde Jacques-Alain Miller afirma que há uma anorexia implicada na própria estrutura transferencial: "A regra de abstinência formula que o objeto em jogo é o objeto nada", p.15.

10. Lacan, J., *Le Séminaire*, livre V, *Les formations de l'inconscient*, Paris, Seuil, 1998, p.430.

11. Bouvet, M., "Incidences thérapeutiques de la prise de conscience de l'envie de pénis dans la névrose obsessionnelle féminine" (1949), *La relation d'objet*, p.50-75.

12. Ibid., p.49.

13. Lacan, J., *Les formations de l'inconscient*, p.489.

14. Bouvet, M., "Incidences thérapeutiques", op. cit., p.71.

15. Lacan, J., *Les formations de l'inconscient*, p.416.

16. Lacan, J., "La direction de la cure et les principes de son pouvoir", p.815.

17. Miller, Jacques-Alain, *Perspectivas do Seminário 5*, Rio de Janeiro, Jorge Zahar, 1999.

18. Bouvet, M., "Incidences thérapeutiques", op. cit., p.58.

19. Lacan, J., *Le Séminaire*, livre VIII, *Le transfert*, Paris, Seuil, 1991, p.290.

20. Bouvet, M., "Incidences thérapeutiques", op. cit., p.61.

21. Lacan, J., *Les formations de l'inconscient*, p.471.

22. Miller, J.-A., "Jacques Lacan et la voix, *Quarto*, 54, p.48-52.

23. Lacan, J., *Les formations de l'inconscient*, p.44.

24. Ibid., p.52.

25. Miller, J.-A., "Petite introduction aux pouvoirs de la parole, *La Lettre Mensuelle*, 142, p.21-23.

A sobrevivência do analista, *por Massimo Recalcati*

1. Faz pouco tempo, tive oportunidade de assistir à exposição de um caso clínico de um analista da IPA, todo construído sobre o conteúdo de seus sonhos: sonhos do analista, evidentemente!

2. Sobre o conceito de campo referindo-se à relação analítica, ver, por exemplo, Direção e Interpretação, a/c E. Gaburri, Bollati Boringhieri, Turim, 1997.

3. Conforme D.W. Winnicott, "I fini del trattamento psicoanalitico", in *Sviluppo affettivo e ambiente*, Armando Editore, Roma, 1983, p. 213.

4. Conforme D.W. Winnicott, O uso de um objeto e a entrada em relação através das identificações, in *Gioco e Realtà*, Roma, Armando Editore, 1974, cap.VI p.160.

5. Ibid., p.164.

6. Ibid., p.162.

7. Ibid., p.159.

8. Ibid.

9. Este diferente tratamento da voz, seguindo uma indicação dada pelo meu supervisor, consistia em encerrar a sessão no momento em que o sujeito me lançava os insultos mais inverossímeis, dizendo-lhe: "Chega! Esta é a voz que está falando! Deixe-a aqui!"

10. Winnicott, D.W., *Gioco e Realtà*, op. cit., p. 163.

11. Lacan, J. "A agressividade em psicanálise", in *Escritos*, Rio de Janeiro, Jorge Zahar, 1998 ["L'Agressività in psicoanalisi", in *Scritti*, vol.1. Einaudi, Turim, 1966, p.101].

12. Lacan, J. *O Seminário*, livro 1, Os escritos técnicos de Freud, Rio de Janeiro, Jorge Zahar, *Il Seminario*, libro 1, *Gli scritti tecnici di Freud*, Turim, Einaudi, 1978, p.214.]

13. Winnicott, D.W., *Gioco e Realtà*, op.cit. p.152.

14. Winnicott, D.W., "L'Odio nel controtransfert", in *Dalla pediatria alla psicoanalisi*, Martinelli, Firenze, 1975, p.237.

15. Freud, S., "Por que a guerra?" ESB, vol.XXII, Rio de Janeiro, Imago, 1969 ["Perchè la guerra?", in *Opere, 1930-1938*, Turim, Boringhieri, 1979, p.299.]

Presença de um desejo, *por Graciela Esperanza*

1. Lacan, J., "Conferência em Genebra sobre o sintoma" *Opção Lacaniana*, nº 23, São Paulo, Eolia, p.6.

2. Miller, J.-A., *Lógicas de la vida amorosa*, Buenos Aires, Manantial, 1991.

3. Lacan, J., "Del psicoanálisis en sus relaciones com la realidad" *Intervenciones y Textos II*, Buenos Aires, Manantial, 1988, p.45/6.

4. Ibid., p.3.

5. Ibid., p.3.

6. Miller, J.-A., "La logique de la passe", *Donc*, curso inédito, 1993-94. Na aula 6 destaca-se esse ponto como o sacrifício do ser a favor do pensar consciente, isto descreve algo que pode ter lugar na sessão, na medida em que convoca o sujeito a se entregar aos pensamentos inconscientes.

7. Idem.

8. Ibid., p.7.

9. Miller, J.-A., "La logique de la passe", *Donc*, op.cit.

10. Lacan, J., "Quizás en Vincennes" refere-se à lingüística, à lógica, à topologia e à antifilosofia como aquelas ciências que podem encontrar na experiência analítica a oportunidade de se renovarem. Talvez o aprofundamento nessas ciências, no sentido indicado por Lacan, permitiria avançar no construir da sessão.

11. Miller, J.-A., *O osso de uma análise*. Salvador, Biblioteca-Agente, 1998, p.40.

12. Ibid., p.10.

13. Aramburu, J., "La interpretación que no interpreta", *El Caldero,* nº47, o autor postula uma diferença com relação ao analista, situando-o entre ser o suporte de uma presença enigmática que se interpõe ao gozo e ocupa o lugar de semblante de objeto que falha (uma intervenção, tanto quanto o dito ou o silêncio podem suportar esse lugar), e o corte (diferentemente do suporte enigmático) que desmonta o discurso corrente, a satisfação do blablablá. É o corte que, ao incidir aí, muda de plano o sujeito, aplaina-o.

14. Garcia, G.L., "Fijaciones y resonancias", *La lógica de la cura*, Buenos Aires, Eolia, 1993.

15. Ibid., p.10.

16. Lacan, J., *O Seminário 24*, inédito, aula de 14 de dezembro de 1976.

17. Lacan, J., *O Seminário 12*, inédito, aula de 3 de fevereiro de 1965.

18. Lacan, J., "Lituraterre" Suplemento das notas da Escuela Freudiana de Buenos Aires, 1980.

19. Miller, J.-A., "La logique de la passe", *Donc*, op.cit.

20. Miller, J.-A., *Los signos del goce,* Buenos Aires, Paidós, 1998, p.102.

O desejo do analista, *por Guillermo Cavallero*

1. Delgado, O., "Recherche autour de la XIe Rencontre".

2. Lacan, J., *Le Séminaire*, livre XI, *Les quatre concepts fondamentaux de la psychanalyse*, Paris, Seuil, 1973, p.244.

3. Lacan, J., Le Séminaire XXIV, sessão de 16.11.76, inédito.

4. Lacan, J., *Le Séminaire*, livre XI, *Les quatre concepts fondamentaux de la psychanalyse*, op. cit., p.245.

5. Katz, L., "Recherche autour de la XIe Rencontre".

6. Aramburu, J., "Le désir de l'analyste et la pulsion", *Escansion*, nova série, nº 3, Buenos Aires, Manantial, 1990, p.32.

7. Lacan, J., "Fonction et champ de la parole et du langage en psychanalyse", in *Écrits*, Paris, Seuil, 1966, p.252.

8. Cavallero, G., "Le temps de la séance est le désir de l'analyste", in *Une pratique en acte*, Buenos Aires, Aluel, 1995, p.312.

9. Miller, J.-A., "L'expérience du réel dans la cure analytique", *El Caldero de la Escuela*, n.68, p.11.

10. Lacan, J., Le Séminaire XIV, sessão de 19.4.1977, inédito.

11. Miller, J.-A., "L'expérience du réel dans la cure analytique", op. cit., p.15.

12. Lacan, J., Le Séminaire XXV, sessões de 15.11.77 e 20.12.77, inédito.

13. Laurent, É., Conferência na EOL, 22.9.99.

14. Miller, J.-A., *L'os d'une analyse*, Buenos Aires, Tres Haches, 1998, p.24.

15. Miller, J.-A., "L'expérience du réel dans la cure analytique", op.cit., p.16.

16. Lacan, J., Le Séminaire XXV, sessão de 20.12.77, inédito.

17. Laurent, É., Conferência sobre "Lituraterre" na EOL, 22.9.99, inédita.

18. Miller, J.-A., *L'os d'une analyse*, op. cit., p.24.

19. Miller, J.-A., "L'expérience du réel dans la cure analytique", op.cit., p.16.

O espaço de um batimento, *por Sergio Laia*

1. Lacan, Jacques, *Le Séminaire,* livre I, *Les écrits techniques de Freud* (1953-1954). Paris: Seuil, 1975, p.40.

2. Ibid., p.40-3. Para o artigo de Annie Reich ("On counter-transference"), que Lacan cita como fonte do exemplo clínico que ele comenta na terceira sessão do *Seminário 1*, cf. *The International Journal of Psychoanalysis*, vol.XXXII, Londres/Nova York, 1951, p.31. Para o artigo de Margaret Little ("Counter-transference and the patient's response to it"), onde se encontra, de fato, o exemplo comentado por Lacan, ver as páginas 32 a 40 do mesmo volume do *The International Journal.*

3. Ibid., p.42.

4. Ibid., p.225-58. A expressão "two bodies' psychology", Balint a retirou de John Rickman. Cf. Balint, Michael, "Changing in therapeutical and Techniques in Psycho-analysis", *The International Journal of Psycho-analysis*, vol.XXXI, Londres/Nova York, 1950, p.123-4.

5. Para a reiteração da relação mãe-criança ou do próprio complexo de Édipo na sessão analítica, cf. "Early developmental states of the ego. Primary object love", *The International Journal of Psycho-analysis*, vol.XXX, Londres/Nova York, 1949, p.265-73; Balint, Alice, "Love for the mother and mother-love", *The International Journal of Psycho-analysis*, vol.XXX, Londres/Nova York, 1949, p.251-9. Para a noção de "papel passivo", cf. Balint, Michael, "Le transfert des émotions" (1933), in *Amour primaire et technique psychanalitique*, Paris, Payot, 1972, p.190-203.

6. Cf. Lacan, Jacques, "Fonction et champ de la parole et du langage en psychanalyse" (1953), in *Écrits*, Paris, Seuil, 1966, p.251.

7. Cf. Miller, *Matemas I*, Rio de Janeiro, Jorge Zahar, 1996, p.73-89.

8. Lacan, Jacques, "La direction de la cure et les principes de son pouvoir" (1958), in *Écrits*, Paris, Seuil, 1966, p.587. "Payer de sa personne".

9. Cf. Lacan, Jacques, "Proposition du 9 octobre 1967 sur le psychanalyste de l'École freudienne de Paris". *Scilicet*. nº1, Paris, Seuil, 1968, p.18-20.

10. Miller, Jacques-Alain, *Élements de biologie lacanienne*, Belo Horizonte, 22 a 24 de abril de 1999 (seminário inédito).

11. Trata-se de uma questão colocada a Jacques-Alain Miller, durante uma das conferências do Seminário intitulado *Élements de biologie lacanienne*.

12. Miller, Jacques-Alain, *L'éxpérience du réel dans la cure analytique*", Paris, 23 de março de 1999, p.154 (seminário inédito).

13. Lacan, Jacques, *Le Séminaire*, livre XI, *Les quatre concepts fondamentaux de la psychanalyse* (1964). Paris, Seuil, 1973, p.119.

14. Cf. Lacan, Jacques, *Le Séminaire*, livre XVII, *L'envers de la psychanalyse* (1969-1970), Paris, Seuil, 1991, p.43-59, 74.

15. Miller, Jacques-Alain, *L'éxpérience du réel dans la cure analytïque*, Paris, 7 de abril de 1999, p.182 (seminário inédito).

Eu me pergunto por que..., *por Nathalie Georges-Lambrichs*

1. RMI = Revenu Minimum d'Insertion. Alocação em dinheiro dada pelo Governo àqueles que não têm emprego.

2. O autor faz um trocadilho em francês: *Frère aîné = Frère-est-né.*

3. Et qui libre: trocadilho com o sentido de: "e quem livra?"

III. Estratégia, tática e política no tratamento

No fio das sessões, *por Jacqueline Dhéret*

1. Freud, S., "Formulação sobre os dois princípios da atividade psíquica" (1913).
2. Freud, S., "Rememorar, repetir e elaborar" (1914).
3. Freud, S., "Recomendações aos médicos que exercem a psicanálise" (1912).
4. Miller, J.-A., *La Conversation d'Arcachon*, Paris, Agalma-Le Seuil, col. "Le Paon", p.176.
5. Lacan, J., Le Séminaire XIV, lição de 21 de junho de 1967, inédito.

A sessão analítica como sintoma, *por Ram Avraham Mandil*

1. Miller, J.-A. "Introduction à l'impossible-à-supporter — Des modalités du rejet", *La Lettre Mensuelle*. Paris, Ecole de la Cause Freudienne, nº106, fevereiro 1992, p.16.
2. Freud, S., "A dinâmica da transferência", *ESB,* vol.XII, Rio de Janeiro, Imago, 1969, p.143.
3. Freud, S., "Observações sobre o amor de transferência", *ESB*, vol.XII, Rio de Janeiro, Imago, 1969, p.207-21.
4. Miller, J.-A., "As contra-indicações ao tratamento analítico", *Opção Lacaniana*, 25, São Paulo, Eólia, 1999, p.52.
5. Miller, J.-A., "Sobre *Die Wege Der Symptombildung", Freudiana,* Escola Européia de Psicanálise, Catalunha, nº19, 1997, p.7-56.
6. Na introdução ao comentário a respeito do "ego de Joyce", no seminário *Le sinthome*, Lacan recupera a anedota transcrita na consagrada biografia do escritor irlandês elaborada por Richard Ellman. Interrogado sobre um quadro figurando a paisagem de uma cidade, James Joyce responde a seu interlocutor tratar-se de Cork, cidade natal de seu pai. O interlocutor corrige sua pergunta, esclarecendo que seu interesse é saber qual a matéria que emoldura o quadro, ao qual Joyce responde da mesma forma: *cork* (cortiça, em inglês).
7. Miller, J.-A., Vers le corps portable. URL: http://www.liberation.com/objets2000/divan2.html, 3 de julho de 1999.

O novo, *por Daniel Roy*

1. Lacan, J., *Télévision*, Paris, Seuil, 1974, p.49
2. Ibid., p.50.

3. Lacan, J., *Le Séminaire*, livre XI, *Les quatre concepts fondamentaux de la psychanalyse*, Paris, Seuil, 1973, p.27.
4. Ibid., p.133.
5. Ibid., p.138
6. Ibid., p.59.
7. Lacan, J., *Le Séminaire*, livre XVII, *L'envers de la psychanalyse*, Paris, Seuil, 1991, p.51.
8. Ibid., p.56.
9. Ibid., p.55.
10. Lacan, J., *Le Séminaire*, livre XI, *Les quatre concepts fondamentaux de la psychanalyse*, op. cit., p.163.

A bússola do real, *por Christine Le Boulengé*

1. Citado e comentado por J. Lacan em 6 de janeiro de 1972 por ocasião das conferências de Sainte-Anne sobre "O saber do psicanalista".
2. Lacan, J., "RSI", *Ornicar?*, 4, p.106.
3. Lacan, J., Le Séminaire XII, "Problèmes cruciaux pour la psychanalyse", sessão de 5.5.1965, inédito.
4. Miller, J.-A., "L'oubli de l'interprétation", *La Lettre Mensuelle*, 144, dezembro 95, p.2. Ver também "A interpretação pelo avesso", *Opção Lacaniana*, São Paulo, Eólia, 1996.
5. Ibid.
6. Lacan, J., "Conclusions au Congrès de l'EFP sur la transmission", *Lettres de l'EFP*, 25, II, 219-20.
7. Guéguen, P.-G., "Les femmes et le symptôme: le cas des postfreudiennes", *Le symptôme-charlatan*, Paris, Seuil, col. "Champ Freudien", 1998, p.129.
8. Lacan, J., "Radiophonie", *Scilicet*, 2/3, Paris, Seuil, p.67-72, comentado por J.-A. Miller (citado por Ph. Hellebois, "L'huître et le maquereau", *La Lettre Mensuelle*, 177, abril-maio 1999, p.50-2).
9. Lacan, J., *Télévision*, Paris, Seuil, p.40-1.
10. Lacan, J., "Le sinthome", sessão de 16 de março de 1976, *Ornicar?*, 9, p.33.
11. Lacan, J., *Télévision*, op. cit., p.61-2.
12. Ibid.
13. Lacan, J., "Intervention au Congrès de l'EFP", 14.6.1975, *Lettres de l'EFP*, 24, p.22-4.
14. Lacan, J., *Télévision*, op. cit., p.22.
15. Lacan, J., "Proposition sur le psychanalyste de l'École", *Scilicet*, 1, Paris, Seuil, p.20.
16. Ibid., p.21.

17. Lacan, J., "La direction de la cure et les principes de son pouvoir", *Écrits*, Paris, Seuil, 1966, p.387.

Enquadre e psicose, *por Roger Cassin*

1. Jones, E., *La vie et l'oeuvre de Freud*, vol.II, Paris, PUF, 1985, p.257.

2. Freud, S. "Recomendações aos médicos que exercem a psicanálise", ESB, vol.XII, Rio de Janeiro, Imago, 1969. J. Lacan in *Écrits*, Paris, Seuil, 1966, p.362: "*Mas devo dizer expressamente que essa técnica foi obtida apenas como única apropriada à minha personalidade; eu não me atreveria a contestar que uma personalidade médica constituída de um modo totalmente diferente pudesse ser levada a preferir outras disposições no tocante aos doentes e ao problema por resolver*". (Tradução do trecho em português retirada de *Escritos*, Rio de Janeiro, Jorge Zahar, 1998, p.364).

3. Lacan, J., *Escritos,* Rio de Janeiro, Jorge Zahar, 1998, p.858 [*Écrits*, p.844].

4. Freud, S., "Uma nota sobre o bloco mágico" (1925), ESB, vol.XIX, Rio de Janeiro, Imago, 1969. ["*Note sur le "Bloc-notes magique*", in *Résultats, idées, problèmes*, Paris, PUF, t.II, 1995.

5. Pellion, F., "Malaise dans la civilisation", *Mental*, 3, Bruxelas, 1997. Convida a considerar "o enquadre", promovido pelos analistas da IPA, como um "*avatar particular da singular questão metafísica que alguns de seus concidadãos tentam transferir para a hipótese não verificável de uma realidade comum, o que Lacan cortava sem hesitar com "não há Outro do Outro*".

6. Bergeret, J., *La Dépression et les états limits*, Paris, Payot, 1975, p.299. "*Os dispositivos técnicos para as curas de 'borderline' não abrangem nem os princípios gerais, nem o protocolo da cura, nem a regra fundamental, nem nenhum detalhe manifesto.*"

7. Kernberg, O.F. et al., *La Thérapie psychodynamique des états limites*, Paris, PUF, 1995: "*O 'enquadre' torna-se para os autores como O. Kernberg, o motor e a condição de 'A terapia psicodinâmica dos estados limites.*'"

8. Gault, J.L., "Deux status du simptôme", *La Cause Freudienne*, nº38.

9. Lacan, J., *Écrits* p.576.

10. Id., item 7.

11. Miller, J.-A., Intervenção em *Conciliabule d'Angers Le Paon*, Paris, Agalma, 1997.

A sessão é o próprio corte, *por Catherine Bonningue*

1. Miller, J.-A., "A interpretação pelo avesso", *Opção Lacaniana*, 15, São Paulo, Eólia, 1996.

2. Miller, J.-A., "La fuite du sens" (1995-96), *L'Orientation Lacanienne*, 2, 14, aula pronunciada no quadro do Département de Psychanalyse de Paris VIII, publicada em parte.

3. Miller, J.-A., "A interpretação pelo avesso", op. cit.

4. Miller, J.-A., "Du symptôme au fantasme, et retour" (1982-83), *L'Orientation Lacanienne*, 2,2, op. cit., 10 novembro 1982, 8 dezembro 1982, 2 fevereiro 1983.

5. Ibid., 2 fevereiro 1983.

6. Miller, J.-A., "Donc" (1993-94), *L'Orientation Lacanienne*, 2,12, op. cit., 5 março 1994; J.-A. Miller faz aí referência a Lacan, J., "Fonction et champ de la parole et du langage" (1953), in *Écrits*, Paris, Seuil, 1966, p.313.

7. Miller, J.-A., "Silet" (1994-95), *L'Orientation Lacanienne*, 2,13, op. cit., 30 novembro 1994.

8. Ibid., 7 dezembro 1994.

9. Miller, J.-A., "La fuite du sens" (1995-96), *L'Orientation Lacanienne*, 2,14, op. cit., 22 novembro 1995.

10. Miller, J.-A., "L'inanité sonore", "La fuite du sens" (1995-96), 13 dezembro 1995, *Letterina Archives*, 4, Publicação da ACF-Normandie, 1996, p.16.

11. Miller, J.-A., "Nous sommes tous ventriloques", "La fuite du sens" (1995-96), 20 março 1996, *Filum*, 8/9, Publicação da ACF-Dijon, 1996, p.18.

12. Miller, J.-A., *L'Orientation Lacanienne*, 2, 15, op. cit., 3 dezembro 1997.

13. Miller, J.-A., *L'Orientation Lacanienne*, 3,1, op. cit., 13 janeiro 1999.

14. Miller, J.-A., "As contra-indicações ao tratamento analítico", *Opção Lacaniana*, 25, São Paulo, Eolia, 1999.

Decisão de uma entrada, *por Silvia Baudini*

1. Freud. S., "Sobre o início do tratamento", ESB, vol.XII, Rio de Janeiro, Imago, p.169 ["Sobre la iniciación del tratamiento", *Obras completas*, t.XII, Amorrotu, Buenos Aires, 1975, p.126.]

2. Freud. S., "Esboço de psicanálise", ESB, vol.XXIII, p.165. ["Esquema del psicoanálisis", op.cit. t.XXIII, p.174.]

3. Rosenfeld, D., *Estados psicóticos*, Buenos Aires, Hormé, Paidós, 1974, p.12.

4. Idem, p. 63.

5. Lacan, J., Conferência de 24.11.75, Universidad de Yale: ...la psicosis es una especie de falla en el que concierne al cumplimiento de lo que he llamado amor...

6. Freud, S., "Sobre um relato autobiográfico de um caso de paranóia", ESB, vol.XII, p.23. [Sobre um caso de paranóia descrito autobiograficamente, op.cit., t.XII, p.39]

7. Lacan, J., "De uma questão preliminar a todo tratamento da psicose", *Escritos*, Rio de Janeiro, Jorge Zahar, 1998, p.590. ["D'une question préliminaire a tout traitement possible de la psychose", *Écrits*, Seuil, Paris, 1966, p.583.]

8. Miller, J.-A., "Clínica irônica", in *Matemas I*, Rio de Janeiro, Jorge Zahar, 1996, p.191 ["Ironia", *Uno por Uno*, nº34, Barcelona, Eólia, p.6.]

9. Silvestre, M., "Transferencia e interpretación en las psicosis: una question de técnica", in *Psicosis y psicoanálisis*, Buenos Aires, Manantial, 1993, p.37.

10. *Os casos raros, os inclassificáveis da clínica psicanalítica*, São Paulo, Produtores Associados, 1998. [*Los inclasificables de la clínica psicoanalítica*, Buenos Aires, ICBA/Paidós, 1999, p.342.]

Da sessão "necessária" à contingência, *por Bruno de Halleux*

* Esse texto foi objeto do trabalho da equipe de Antenne 110, em Genval, fundada por A. Di Ciaccia em 1974.

1. Miller, J.-A., "Produzir o sujeito?", *Matemas I*, Rio de Janeiro, Jorge Zahar, 1996, p.157 ["Produire le sujet?", in *La clinique psychanalytique des psychoses*, Montpellier, Actes de l'École de la Cause Freudienne,1983].

2. Ibid., p.157 [Actes, p.51].

3. Miller, J.-A., "Mostrado em Prémontré", in *Matemas I*, Rio de Janeiro, Jorge Zahar, 1996, p.151-4. ["Montré à Prémontré, Intervention de clôture du collque de la Section Clinique", *Analytica*, 37, Paris, Navarin, 1984, p.27-31].

4. Lacan, J., "A direção do tratamento e os princípios de seu poder", in *Escritos*, Rio de Janeiro, Jorge Zahar, 1998, p.585.

5. Trata-se da Antenne 110, na qual cada um, para além de sua função profissional ou institucional, se presta a se fazer de parceiro. Dito mais simplesmente, qualquer que seja nosso diploma, trabalhamos com as crianças com o status de educador.

6. Miller, J.-A., "Produzir o sujeito?", op. cit., p.157. ["Produire le sujet?, p.50]

7. Ibid., p.52.

8. Miller, J.-A., "L'expérience du réel dans la cure analytique", aula de 9 de dezembro de 1998 (inédito).

9. Laurent, E., "Réflexions sur l'autisme", *Bulletin du Groupe de la Petite Enfance*, 10, 1997, p.43.

10. Miller, J.-A., "L'expérience du réel dans la cure analytique", aula de 13 de janeiro de 1999 (inédito).

11. Laurent, E., op. cit., p.42.

12. Lacan, J., "Conferência de Genebra sobre o sintoma", *Opção Lacaniana*, 23, São Paulo, Eólia, 1998, p.6. ["Conférence à Genève sur le symptôme", *Le Bloc-notes de la psychanalyse*, 5, 1985, p.17]

13. Miller, J.-A., L'expérience du réel dans la cure analytique", aula de 27 de janeiro de 1999.

14. Di Ciaccia, A., "Il y a 25 ans", *Préliminaire*, 11, 1999, p.5-9.

15. Miller, J.-A., ibid., aula de 13 de janeiro de 1999.

16. Ibid., aula de 27 de janeiro de 1999.

17. Ibid., aula de 10 de março de 1999.

18. Idem.

19. Ibid., aula de 13 de janeiro de 1999.

20. Ibid.

21. Ibid., aula de 31 de março de 1999.

IV. Fim de série

Foi a última sessão..., *por Patrick Monribot*

1. Mitchel, E., *La dernière séance*, Paris, 1977.

2. Merlet, A., "Trinch", *Débat du Conseil de l'ECF*, outubro 1998, n.14.

3. Miller, J.-A., "O parceiro sintoma", curso 1997-98, maio 98, inédito.

4. Conversação de Bordeaux, maio 1998, com J.-A. Miller, Delegado Geral da AMP, e Guy Briole, Presidente da ECF.

5. Morel, G., "Comment le désir vient aux analystes", *La passe et le réel*, Paris, Agalma/Le Seuil, col. "Le Paon", 1998, p.27.

6. Lacan, J., "Lituraterre"(1971), *Ornicar?*, n.41,1987, p.8.

7. Lacan, J., *Le Séminaire XXI*, "Les non-dupes errent" (1973-74), aula de 19.4.1974, inédito.

8. Ibid.

Sessão de uma vida, *por Virginio Baïo*

1. Lacan, J., "Função e campo da fala e da linguagem em psicanálise", in *Escritos*, Rio de Janeiro, Jorge Zahar, 1998, p.247.

2. Lacan, J., *As psicoses*, Rio de Janeiro, Jorge Zahar, 1981, p.28.

3. Miller, J.-A., "L'expérience du réel dans la cure analytique", aula de 13 de janeiro de 1999 (inédito).

4. Idem.

5. Lacan, J., "Conférences et entretiens dans des Universités nord-américaines", *Scilicet,* 6/7, Paris, Seuil, 1976, p.50.

6. Lacan, J., "La logique du fantasme", Comptes rendus d'enseignement, *Ornicar?*, 29, p.16.

7. Miller, J.A., op.cit.

8. Idem.

9. Miller, J.-A., op.cit., aula de 27 de janeiro de 1999 (inédito).

10. Miller, J.-A., op.cit., aula de 13 de janeiro de 1999 (inédito).

11. Idem.

12. Laurent, E., "In che modo la fine dell'analisi si deduce dall'entrata", *La Psicoanalisi*, 16, p.48-82. Laurent faz referência à leitura de Jacques-Alain Miller.

13. Lacan, J., "Le sinthome", *Ornicar?*, 29, p.143.

14. Miller, J.-A., C.S.T., *Ornicar?,* p.143.

15. Ibid., p.144.

16. Miller, J.-A., "L'interprétation à l'envers", *La Cause Freudienne*, 32, p.9-13. ["A interpretação pelo avesso", *Opção Lacaniana*, 15, São Paulo, Eolia, 1996.]

17. Miller, J.-A., "L'identité freudienne de la psychanalyse", *Préliminaire*, 4, p.55.

18. Ibid., p.54.

Este livro foi composto por TopTextos Edições Gráficas, em Times New Roman, e impresso por Cromosete Gráfica Editora em junho de 2000.